许会斌　著

ESSENTIALS OF COMMERCIAL BANKS

商业银行要义

岗前培训的专业教材
岗中操作的深刻感悟
岗外学习的良师益友

中国金融出版社

责任编辑：张智慧　王雪珂
责任校对：张志文
责任印制：丁淮宾

图书在版编目（CIP）数据

商业银行要义/许会斌著. —北京：中国金融出版社，2018.12
ISBN 978-7-5049-9832-3

Ⅰ．①商…　Ⅱ．①许…　Ⅲ．①商业银行—经营管理—岗位培
训—教材　Ⅳ．①F830.33

中国版本图书馆CIP数据核字（2018）第244227号

商业银行要义
Shangye Yinhang Yaoyi

出版
发行　中国金融出版社

社址　北京市丰台区益泽路2号
市场开发部　　（010）63266347，63805472，63439533（传真）
网 上 书 店　http://www.chinafph.com
　　　　　　　（010）63286832，63365686（传真）
读者服务部　　（010）66070833，62568380
邮编　100071
经销　新华书店
印刷　保利达印务有限公司
尺寸　148毫米×210毫米
印张　7.125
字数　140千
版次　2018年12月第1版
印次　2018年12月第1次印刷
定价　56.00元
ISBN 978-7-5049-9832-3
如出现印装错误本社负责调换　联系电话（010）63263947

前　言

　　这是一部为商业银行员工和广大金融爱好者进行岗前培训、岗中学习和岗外辅导的珍贵专业教材；是一部反映作者从业35年的职业领悟、实践运用、政策执行、理论思考、管理启示和改革发展的心血总结；是一部体现改革开放以来特别是商业银行上市以后从无到有、从小到大、从专到全、从弱到强的银行变迁记录。可以说，该书的问世，有着一定的政治意义、经济意义、金融意义及现实与历史意义。

　　改革开放四十年来，我国银行业发生了"脱胎换骨"的变化，其巨大的转变主要体现在"五从五得"：一是从无到有，市场机制得到不断完善。四十年的改革发展，使我国银行业从计划经济条件下的体制机制得到深刻变革，专业银行得以顺利转轨到商业银行，商业银行进而成功上市，公司治理机制逐步建立健全，内部控制机制建设迈出重大步伐，激励约束和绩效考核机制逐步完善，业务流程全面优化，经营能力得到逐步释放，市场化程度大幅提升。二是从点到面，银行网络得到多元化发展。银行机构网点由过去的数量极少，发展到现在的星罗棋布；营销渠道由单一的柜台销售发展为包括柜台在内的自助银行、网上银行、电话银行、智慧银行、手机银行等多样化、全方位渠道；经营体系形成了以商业银行为主体，包括子公司诸如基金公司、保险公司、信托公司、租赁公司、投资银行、咨询公司、期货公司、资产公司等在内的银行集团。三是从简到繁，服务理念和功能得到全面提升。四十年的改革发展，使我国的银行业能够主动适应经济发展和金融需求变化，服务理念由以产品为中心转变为以客户为中心；服务领域由简单的存、贷功能发展到复杂多样的存、贷、汇兑、理财、投行、国际金融等一体化的市场业务；服务产品由无差别的群体化发展为适应不同客户需求的个性化、多样化、便利化。四是从弱到强，整体实力得到明显提升。1978年，我国金融资产总量为3048亿元，四十年后的今天我国银行业资产总量达到252万亿元，增长了820多倍；不良贷款率已从20世纪90年代中期的20%多下降到2017年的1.74%左右，其中股改上市的工、农、中、建四大行平均不良贷款率仅为1.57%，已经达到国际先进银行的平均水平；资本充足率由原来的资本严重不足，甚至为负值，发展到11.35%的平均水平，其中工、农、中、建四大行平均达到15%左右。这些情况表明，我国银行业整体实力与四十年前相比，已经跨上了几个大台阶。五是从末到前，国际地位得到空前提升。银行业改革发展四十年，也是坚持对外开放、努力提升国际化水平的四十年。这四十年取得的成就，得到了国际社会的广泛赞誉和一致好评，影响力不断扩大，国际地位不断提升。这些年我国进入国际大银行排名的银行越来越多，特别是建、工、农、中四大行上市以来，市值一直稳居世界500强大银行前十名，良好的发展势头赢得了空前的国际声誉和国际地位。

本书就是根据改革开放以来，商业银行发生的上述巨变，从经营和管理的各个角度进行了认真细致的梳理，特别是从商业银行运行的规则和制度要求，深入浅出地进行了科学构思，形成了较具特色的商业银行员工和广大金融爱好者学习有关业务和职业操守的完备体系：包括第一单元，商业银行管理体系及经营原则，主要描述银行组织架构、经营原则、主要特点、职能作用和有关机构概念辨析；第二单元，商业银行零售业务，主要描述起源和沿革、范围和特点、重点业务和产品、竞争力比较和发展趋势；第三单元，商业银行批发业务，主要描述公司业务、机构业务、国际业务等；第四单元，商业银行资产管理业务，主要描述投资银行、金融市场和托管资产业务；第五单元，商业银行战略性业务，主要描述小微企业、网络金融、集团客户和养老金融业务；第六单元，商业银行综合经营业务，重点描述营业网点、资金结算和子公司业务等；第七单元，商业银行重要岗位履行，重点描述个人客户经理和公司客户经理的有关操守，以及对私对公客户经理对经典案例评析；第八单元，商业银行风险管理，强调了风险管理的含义和重要意义、组织架构和基本原则、风险类型和内容、对策和方法等；第九单元，商业银行企业文化，着重就企业文化建设的重要意义、主要内容、四大行企业文化比较，以及员工如何遵守和维护企业文化进行了描述。

值得一提的是，在对改革开放带来巨变和商业银行业务运营的描述中，本书体现了以下几个原则或特点：一是坚持务实性与理论性相结合。无论是对三大板块、九个单元的组织架构、经营运行、业务操作和风险对策的特点描述，还是对具体产品的解剖和案例分析，注意从实践和理论上、政策和执行上说清弄透，使人一看就懂，并能引起深思。二是坚持从重性和全面性相结合。编著此书，注意了传统和现实重点业务的论述和布局，比如资产管理业务和战略性业务、对公对私的客户经理履职及典型案例评析、风险管理业务等，都是本书描述的重点，也是银行员工比较关心的问题，所以进行了详细介绍。同时，对商业银行的存款业务、贷款业务、汇款业务、企业文化等，也进行了全面考虑，统筹描述。三是坚持特色性和新颖性相结合。注意将银行长期以来形成的特色产品比如造价咨询业务、个人理财业务等作详尽描述，但更注意对一些战略性业务和新产品，比如综合金融服务业务、供应链金融业务、子公司业务、投资银行业务、金融市场业务等作重点介绍。四是坚持针对性和前瞻性相结合。本书主要是面对商业银行广大员工及金融爱好者，所以着重从前台操作、中台营销人员如何掌握方面，讲得多一点。同时，许多篇章也注意在未来发展方面做一些前瞻和研判，比如"零售业务发展趋势""风险管理需要重点关注的问题""企业文化比较和方向""金融服务展望"等。五是坚持图文并茂相结合。为便于读者阅读理解，许多单元里对一些复杂的体制和机制、岗位设置、重点业务、产品分类、市场分析等，在简要文字描述的基础上，通过图案和表格等展示出来，这样，有利于不同层级、不同岗位人员，结合自身实际，学习、了解和掌握。

我之所以要把这本书编著出来，奉献给广大从业人员和金融爱好者，主要基于以下几方面考虑：一是三十五年的从业经历，使我对商业银行工作充满积累和很深的感情。自1983年入行以来，我一直在银行工作，既在综合计划岗位工作过，也在行长办公室工作过；既在零售业务条线工作过，也在批发业务板块工作过；既在管理岗位工作过，也在营业部门工作过；既在总行工作几十年，也在省分行当行长多年；既在银行集团做过高管，也在子公司做过董事长。多年来，代表建行在外单位做过兼职董事、常务理事。从银行的经办岗位到几个部门总经理，从总行高管到子公司担任董事长，几乎经历了银行主营业务的所有板块。三十多年的银行经历和实践，已经使我与所从事的职业结下了不解之缘，为此，我必须把自己的感悟和总结奉献给我们的下一代。二是受商业银行总行委托，主编和参与组织对从业人员培训教材的编写工作，为编写此书奠定了一定的基础，也使我对编著此书充满信心。先后主编200万字的《个人客户经理培训教材》；参与组织编写《对公信贷人员岗位培训教材》；参与编写《商业银行业务知识》《中国改革开放十三年》（建设银行卷）《建设银行行史40年》等巨著；主编《商业银行个人业务丛书》（一套9本）、《当代储蓄理论与实践》《中国当代企业投资指南》；编著《说商道帮》《说行道长》等书，发表论文200余篇，并得到业界的广泛好评。三是坚持为在职员工、在校大学生和在任大型企业负责人进行专业培训，从这些群体的互动中，我了解到市场和客户需求发生了巨变，我们商业银行的金融服务方式、体制机制、业务范围、服务产品等必须与时俱进，这是我编写此书的根本动力。在银行工作的同时，我还被聘为北京大学儒商研究中心研究员、河南财经政法大学兼职教授、原哈尔滨高等投资专科学校客座教授、《当代金融家》杂志专栏作者，数十次为行内外金融机构员工、在校大学生及企事业单位人员授课，可以说编写此书有着一定的理论和实践积累，这是我编写此书的内在动力。

当前，国际国内经济和金融环境正在发生深刻变化，我国已经步入全面深化改革、经济稳定增长和结构调整升级的新常态、新阶段、新时代，给银行业的发展带来了难得的历史机遇和创新空间。同时，银行经营环境复杂多变，也面临诸多不确定因素和困难，比如违规经营违章操作依然存在、安全运营管理薄弱、不良贷款暴露增多、风险防范和化解压力加大、经营机制体制有待进一步改进完善等。解决这些问题和应对挑战的唯一出路我认为在于加快转型发展。银行转型发展到哪里？如何加快？这是一个值得我们每个商业银行员工和广大金融爱好者认真思考和研究的问题。我预判：第一，综合性银行集团是发展大势。包括构建综合经营管理体系，一方面做强银行业务；另一方面增强非银行子公司发展能力；强化综合营销服务模式，即完善母子公司、总分行、境内外、客户和产品部门营销对接协作机制，提高集团内部跨国境、跨地区、跨行业、跨产品的协同联动、交叉营销能力和综合收益，实现一点介入、全面响应的综合服务平台；建立综合运营核算机制，形成多产品、多渠道、多条线、多行业分工合作的综合定价、核算和考核机制，把单项考核和综合考核结合起来。第二，多功能服务是国际大型银行的基本标志，也是目前和今后的方向。这就需要完善产品服务机制和服务体系，提升产品服务特色化定制能力，强化产品服务输送能力，实现一个客户、一个账户、多样产品、不同渠道、一站式服务。第三，集约化、专业化发展是提升效益、保持活力的根本要求。这就要求梳理、整合、优化现有业务流程，持续推进差异化、动态化再造，同时推进各层级管理集约化、业务运营集约化、条线集中经营集约化等，实现分业事业部制和准事业部制，将是未来经营发展的方向。第四，创新型银行是发展的客观必然。这就需要完善银行创新体制和机制，加强银行集团从职能管理向流程管理创新，坚持跟进创新和引领创新产品并重原则，大力推进商业模式创新，包括服务模式和经营盈利模式创新，这样才能赢得市场竞争的主动。第五，智慧型银行是抢占未来客户需求的制高点。包括实现服务和管理智能化，实现产品和渠道智能化，提升大数据采集、管理、分析和应用能力等，可以预期这是广大城乡居民未来最高的金融幸福指数生活。

　　面对现状，着眼未来，需要金融业同人的严格要求、扎实工作、协同联动、创造卓越，这样才能完成商业银行不断改革、不断创新的历史使命，才能使中国的商业银行屹立于世界一流银行之林，才能加快推进中国经济和金融现代化建设的步伐，这是我们每位商业银行员工及广大金融爱好者义不容辞的职业生涯发展中不可或缺的重要目标和任务！

2018年12月

目　录

第一单元

商业银行管理体系及经营原则

作为商业银行员工和广大金融爱好者，从入门到熟练掌握有关业务和技术，需要系统学习、了解和钻研相关金融知识，尤其是商业银行应知应会的主要内容，包括管理体系、经营职责、基础理论、主要业务、重点产品、职业操守、企业文化等，都应一一掌握，以期为自己的职业生涯发展奠定基础，为国家的金融业乃至经济发展作出应有的贡献！

一、商业银行的概念和特点

（一）何谓商业银行？

商业银行是银行的一种类型，是以营利为目的的金融企业，主要通过存、贷、汇、理等业务，承担信用中介职责。主要业务范围包括吸收公众存款、发放贷款、办理票据贴现和规定内的各种金融业务、理财及代办业务等。

商业银行按股权结构和属性分为：国有控股商业银行、其他股份制商业银行、地方商业银行、中外合资商业银行、外资商业银行五种类型。具体分类如图1-1所示。

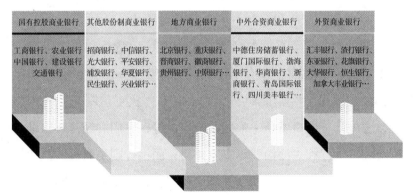

国有控股商业银行	其他股份制商业银行	地方商业银行	中外合资商业银行	外资商业银行
工商银行、农业银行、中国银行、建设银行、交通银行	招商银行、中信银行、光大银行、平安银行、浦发银行、华夏银行、民生银行、兴业银行…	北京银行、重庆银行、晋商银行、徽商银行、贵州银行、中原银行…	中德住房储蓄银行、厦门国际银行、渤海银行、华商银行、浙商银行、青岛国际银行、四川美丰银行…	汇丰银行、渣打银行、东亚银行、花旗银行、大华银行、恒生银行、加拿大丰业银行…

图1-1　商业银行分类

（二）商业银行的主要特点

1. 充当信用授受的中介机构，以实现资本、资金融通

因为银行的贷款是资产业务，存款是负债业务，银行贷款的钱绝大部分不是自己的，而是别人存在它那里的，或者说是别人借给银行的。如果不是银行有很高的信用，谁会存钱到银

行呢？所以银行起的作用就是信用中介，就是靠信用赚钱。

2. 盈利是其主要的目的

像所有的工商企业一样，办理每一笔业务或接纳每一位客户，都要看它能否为银行带来利润。不论是国有企业或项目，还是民营企业或个体户业务；不论是境内合资企业或项目，还是境外所有国家的工程或项目；不论是单一企业或项目，还是集团客户、供应链企业或项目，商业银行给予贷款也好，发债或代理发债也好，以及办理咨询等金融服务业务，无一例外都要算投入产出账，不能无的放矢，做亏本买卖。当然，国家明令或有政策规定要求办理的业务除外。

3. 以金融资产和金融负债为经营对象

商业银行经营的是特殊性质的商品——货币和货币资本，所以是一种与工商企业有所区别的特殊企业——金融企业。比如，公司或企业经营能源、交通、电力、化工、制造、各种加工、房地产、出口贸易、基础设施建设等，它们的经营对象是建筑安装、生产和生活消费等实体材料；而银行则是通过放款和收款、汇兑和支付、结算和核算等金融服务，运用网上与网下、柜台与自助、电话银行与手机APP等渠道，实现与工商企业和广大客户连接，这个连接的实体媒介就是货币，通俗地说就是钱。

二、商业银行的职能和作用

（一）充当信用中介

这是商业银行最基本、最能反映其经营活动特征的职能。

其实质是通过银行的负债业务，把社会上的各种闲散货币集中到银行里来，再通过资产业务，把它投向经济各部门。在此过程中商业银行扮演的是货币资本的贷出者与借入者的中介人或代表，来实现资本的融通，并从吸收资金的成本与发放贷款利息收入、投资收益差额中获取利益收入，形成银行利润。商业银行成为买卖"资本商品"的"大商人"。商业银行通过信用中介职能，实现管理资本盈余和短缺之间的融通，并不改变货币资本的所有权，改变的只是货币资本的使用权，具体见图1-2。

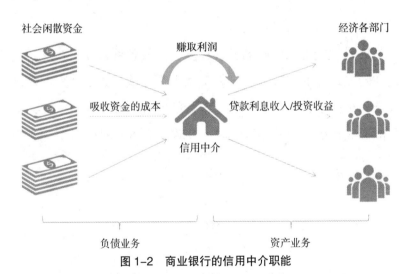

图1-2　商业银行的信用中介职能

（二）承担支付代理

商业银行除了充当信用中介外，还执行着货币经营者的职能。主要通过存款在账户上的汇入汇出，代理客户支付。比如在存款业务的基础上，为客户兑付现款等，成为个人和公司机构客户的货币保管者、出纳者和支付代理人，具体见图1-3。

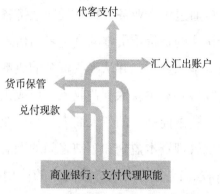

图1-3　商业银行的支付代理职能

（三）创造信用功能

就是说能够用吸收的各种存款，发放各种贷款，在支票流通和转账结算的基础上，贷款又派生为存款。如果客户不提现或未完全提现，就增加了商业银行的资金来源，久而久之，有可能形成数倍于原始存款的派生存款，具体见图1-4。

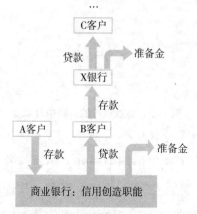

图1-4　商业银行的信用创造职能

（四）提供金融服务

金融服务包括网上、网下、柜台、手机、ATM等渠道和工具的各种结算、收费、理财、供应链金融和综合配套服务。

（五）推动经济发展

这是指商业银行通过其信用中介活动，调剂社会各部门的资金余缺，同时在央行货币政策和国家宏观政策的指引下，可促使经济结构、消费比例投资、产业结构等方面的调整。同时，商业银行也可通过在国际市场上的融资活动，调节本国的国际收支状况。尤其在市场一体化、金融国际化的背景下，商业银行对国民经济和社会投资以及上层建筑等都有很大的推动作用。

三、商业银行的组织架构

商业银行是我国金融体系的重要组成部分，经过数十年的改革发展，目前已经形成了完整、规范、稳定、成熟的经营管理组织架构。

（一）从我国的金融体系构成看，门类齐全，管理严谨

主要包括：5大国有商业银行（工、农、中、建、交）；3家政策性银行；10多家中等规模商业银行；1家邮政储蓄银行；近150家城市商业银行；80余家农商行；220多家农信社；60多家信托公司；一系列金融和资本租赁、货币经纪公司、财务公司；40多家地方性外资银行子公司；4家大型资产管理公司。目前的中国金融体系示意见图1-5。

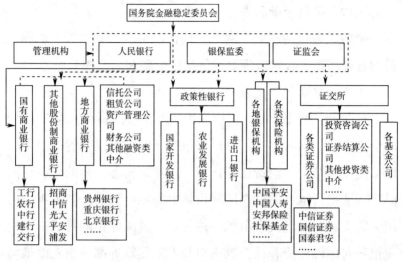

图1-5　中国金融体系示意图

　　值得一提的是，新成立的国务院金融稳定委员会，目的就是能够作为国务院统筹协调金融稳定和改革发展重大问题的议事协调机构。其主要职责有五个方面：（1）落实党中央、国务院关于金融工作的决策部署；（2）审改金融业改革发展重大规划；（3）统筹金融政策发展与监管，协调货币政策与金融监管相关事项，统筹协调金融监管重大事项和金融与相关财政政策、产业政策等；（4）分析研判国际国内金融形势，做好国际金融风险应对，研究系统性风险处置和维护稳定重大政策；（5）指导地方金融政策发展与监管，对金融管理部门和地方政策业务监督和履职进行问责。

　　（二）从我国商业银行的组织结构看，规范有序，逐步理顺商业银行和银行集团组织架构见图1-6。

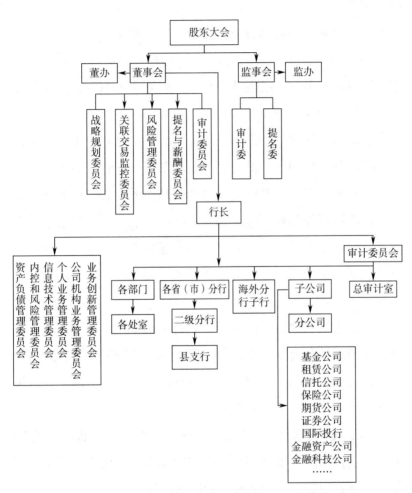

图 1-6　商业银行和银行集团组织架构图

（三）从商业银行的部门和岗位设置看，条块相交，以条线管理为主

一般商业银行可划分三大板块，七个单元。

第一板块：前台条线部门，主要有五个业务单元。包括零售银行业务单元，批发业务单元，资管业务单元，战略性业务单元和综合业务单元。零售银行业务单元包括个人金融部、私人财富部、住房信贷部和信用卡中心等；批发业务单元包括公司银行部、机构金融部和国际金融部等；资管业务单元包括金融市场业务部及交易中心、资产管理业务中心、同业业务中心、投资银行部和托管业务部等；战略性业务单元包括小微企业部、网络金融部、战略客户部和养老金业务部等；综合业务单元包括资金结算部、创新与质量效率部、运营管理部和营业部等。

第二板块：中台条线部门，它有一个单元，即资产配置单元，包括行长办公室、资产负债管理部、计划财务部、人力资源部、授信审批部、股权与投资管理部、资产保全部、战略规划部、公共关系与企业文化部等。

第三板块：后台管理部门，它有一个单元，即支持保障单元，包括信息技术管理部、数据管理部、采购部、风险管理部、信贷管理部、审计部和纪检监察部等。

商业银行部门和岗位设置架构见图1-7。

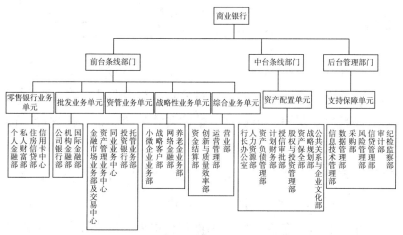

图1-7　商业银行部门和岗位设置架构图

四、商业银行的经营原则

全球商业银行普遍认同并遵循的经营管理"三性"原则是："安全性、流动性和盈利性"。我国在《中华人民共和国商业银行法》中也明确规定了这三条经营原则。

（一）安全性原则

安全性是指商业银行应努力避免各种不确定因素对它的影响，保证商业银行的稳健经营和发展。商业银行为什么要遵循这个原则呢？主要原因在于：

第一，商业银行自有资本较少，经受不起较大的损失。根据《巴塞尔协议》要求，商业银行资本充足率＝

$$\frac{资本总额（核心资本+附属资本）-资本扣除项}{风险加权资产+（操作风险资本+市场风险资本）\times 12.5} \geq 8\%，核心资本$$

$$充足率 = \frac{核心资本}{加权风险资产总额（风险加权资产+12.5倍的市场风险资本）} \geq 4\%$$

（注：自有资本=核心资本+附属资本（二级资本）。核心资本包括实收资本或普通股本、资本公积、盈余公积、未分配利润和少数股权；附属资本包括重估储备、一般储备、优先股、可转换债券和长期次级债券<指五年期以上的长期债券>资本扣除项包括商誉、商业银行对未并表金融机构的资本投资、商业银行对外自固不动产和企业的资本投资）。

在股改前，各商业银行不良贷款很多，资本充足率普遍很低，达不到巴塞尔协议的要求。为了改变我国商业银行面貌，中央要求改革体制，股改上市，各家银行进行了财务重组，剥离和核销了大量不良资产。

为了弥补资本不足，国家注入了大量资金；同时商业银行引进战略投资者，融入了一部分资金；还通过上市进行IPO募集了一部分资金，才确保了资本充足率目标的实现。可以说如果不是核销、注入、融入和募集资金，安全性很难保证。

第二，商业银行经营条件的特殊性，需要强调它的安全性。（1）经营的商品特殊。以负债的形式把居民手中的剩余货币（特殊商品）集中起来，再分散投放出去，从中赚取利润。对于居民负债，银行既要支付利息，又要到期还本，这是硬约束，如果到期不能归还，就会损害商业银行的信誉，不仅不能再吸收负债，而且大量挤提，甚至会导致倒闭。（2）银行和经济的发展关系特殊。因为如果不能还本付息，经营体系混乱，会严重损伤国民经济的正常运转，引起市场动荡。

第三，商业银行在经营过程中自身面临各种风险，必须强调其安全性。主要有：（1）国家风险。指由于债务国政治动乱或经济衰退而导致债务人无法清偿债务，使债权人蒙受损失的可能性。如1997年亚洲金融危机和2008年国际金融危机，引发了国内动乱以及区域甚至全面的金融混乱。（2）信用风险。指借贷行为成立后，借款方不能按时归还贷款方的本息而使贷款方遭受损失的可能性。如近年来的坏账、呆账问题就是如此。（3）利率风险。利率的变动使经济主体在筹集或运用资金时可能遭受到的损失就是利率风险。主要表现是选择的时机或方式不当，付出更多的利息。如20世纪80年代末90年代初我国政府推出的储蓄利率实施保值贴补的办法就是如此。（4）汇率风险。由于汇率的变动而使经济主体所持有的资产和负债的实际价值发生变动可能带来的损失就是汇率风险。对于既有本币又有外币资产的商业银行来说，汇率风险是无处不在的。如人民币和美元的比价，过去很长一段时间是1∶8以上，最近两年下到1∶6以上，造成以美元计价的外币资产的缩水。（5）政策性风险。主要是体制和市场发生变化引起的风险。（6）操作风险。由于不按有关规定或逆程序操作带来的风险。如巴林银行的外汇交易员里森，违规操作，将一个230余年历史的老牌银行毁于一旦。（7）竞争风险。由于竞争造成的客户流失、资产质量下降、银行利益缩小引起的风险。

（二）流动性原则

流动性是指商业银行能够随时满足客户提现和必要的贷款需求的支付能力，包括负债的流动性和资产的流动性两重含义。

第一，负债的流动性。如果存款或负债不能按时提取或及时运用，就会有信用风险，也会使银行经营成本提高。

第二，资产的流动性。商业银行发生的贷款和投资如果及时收回，银行的盈利就正常；如果延迟，银行的盈利就会受到影响；如果收不回贷款和投资，就会形成坏账，甚至有倒闭的可能。

（三）盈利性原则

追求盈利，是一切经营性企业的共同目标。

银行盈利途径之一：存贷利差，目前占我国银行盈利的80%左右；

银行盈利途径之二：中间业务收入，包括手续费和佣金收入、结算收入等，目前占我国银行盈利的20%左右。

（四）三条原则之间的关系

既有相互矛盾的一面，又有相互统一的一面。

1. 矛盾方面

在盈利性上，资金运用到盈利资产上的比重越高，商业银行盈利规模就大。盈利性原则要求提高盈利资产的运用率。

在流动性上，现金的库存余额越多，流动性就越强。流动性原则要求降低盈利资产的运用率。

在安全性上，资产的收益率越高，风险越大。安全性原则要求选择有较低收益的资产。

2. 统一方面

盈利是生存发展的必要条件，但忽视流动性和安全性，必然陷入混乱。

流动性是经营和盈利的前提条件，是资产安全性的重要保证，但如果忽视流动性，照样盈利不了。

安全性是银行经营的关键条件，如果忽视安全性，不仅会造成银行信誉的损害，更会对盈利产生极大的影响。

五、商业银行与有关银行、金融机构概念辨析

在生活中，经常有人将商业银行、中央银行、政策性银行、专业银行、投资银行等金融机构概念混淆，分不清楚，这里重点作个辨析。

（一）商业银行与中央银行的不同

总的看，商业银行与中央银行是政企关系、营管关系、领导和被领导的关系。具体分析，不同点在于：一是中央银行是国家机关，而商业银行则是企业法人；二是中央银行是在国务院领导下制定和实施货币政策的国家职能部门，而商业银行则是经营存贷款、办理结算业务等的企业法人；三是中央银行对商业银行等金融业实施管理，而商业银行则是被管理的对象；四是中央银行行长人选根据国务院总理提名，由全国人大决定、国家主席任免，而商业银行的组织机构设置，是根据《公司法》和《商业银行法》的规定办理。商业银行与中央银行的不同如图1-8所示。

图1-8　商业银行与中央银行的不同

（二）商业银行与政策性银行的不同

政策性银行也称专业银行，商业银行与政策性银行相比，主要不同表现在：商业银行业务更综合、功能更全面，经营一切零售业务、批发业务、战略性业务、资产管理业务和中间业务等，为客户提供所有的金融服务，而政策性银行仅集中经营指定范围内的业务和提供专门服务。具体分析二者不同点在于：一是资本来源不同。政策性银行多由政府出资建立，业务上由政府相应部门领导；而商业银行则多采取股份制的形式，业务上自主经营，独立核算；二是资金来源不同。政策性银行一般不接受存款，也不从民间借款，而商业银行则以存款作为其主要的资金来源；三是经营目的不同。政策性银行是为了支持某些行业和部门的发展而专门成立的，不以盈利为目的，与相应的产业部门关系密切；而商业银行则是以利润最大化为经营目的，业务范围广泛。比如，目前的国家开发银行、中国农业发展银行、中国进出口银行就是政策性银行，他们要按照国家的产业政策或政府的相关决策进行投融资活动，不以利润最大化为经营目标。二者的不同如图1-9所示。

图1-9　商业银行与政策性银行的不同

（三）商业银行与投资银行的不同

一是从业务主体看，投资银行以证券承销、交易等业务为主体，而商业银行则以存贷款业务为核心；二是从融资体系看，投资银行是直接融资的金融中介，而商业银行则是间接融资的金融中介；三是从利润构成看，投资银行主要是佣金收入，而商业银行主要是存贷利差收入；四是从经营方针看，投资银行强调稳健与开拓并重，而商业银行则强调稳健与安全。二者的不同如图1-10所示。

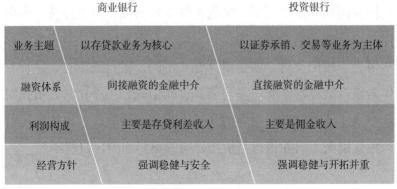

图1-10　商业银行与投资银行的不同

（四）商业银行与信托公司的不同

信托和银行中的信贷都是一种信用方式，但两者多有不同：一是经济关系不同。信托是按照"受人之托，代人理财"的宗旨来融通资金、管理财产，涉及委托人、受托人、受益人三个当事人，其信托行为体现的是多边信用关系；而银行信贷则是作为"信用中介"筹集和调节资金供求，是银行与存款人、贷款人之间发生的双边信用关系。二是行为主体不同。信托业务的行为主体是委托人，受托人要按照委托人的意愿开展业务，为受益人服务，其整个过程，委托人都占主动地位，受托人被动地履行信托契约，受委托人意旨的制约；而银行信贷的行为主体是银行，银行自主地发放贷款，并进行经营，其行为既不受存款人意旨的制约，也不受借款人意旨的强求。三是承担风险不同。信托一般按委托人意图经营管理信托财产，信托的经营风险一般由委托人和受益人承担，信托只收取手续费和佣金，不保证信托本金不受损失和最低收益；而银行信贷则是根据国家规定的利率，吸收存款发放贷款，自主经营，因而银行承担整个信贷资金的营运风险，只要不破产，对存款要保本付息，按期支付。四是清算方式不同。银行破产时，存贷款作为破产清算财产统一参与清算；而信托公司终止时，信托财产不属于清算财产，由新的受托人承接继续管理，保护信托财产免受损失。商业银行与信托公司的不同如图1-11所示。

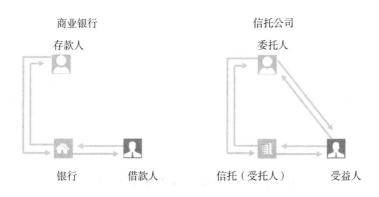

图 1-11　商业银行与信托公司的不同

（五）商业银行与金融租赁公司的不同

应当说二者都是金融机构，金融租赁公司是非银行金融机构。租赁公司分两类，一类是金融租赁公司，一般有银行背景，监管由银保监会租赁处管；再一类是无银行背景的租赁公司，由商务部监管，与银行无大的业务交叉。金融租赁公司与银行的不同在于：银行贷款给企业，企业用于购买设备，以先付息后归还本金；而金融租赁公司是先购买设备，再将设备租赁给企业，企业付租赁费。这样做的好处是，在企业未付清全部租赁费前，该设备的所有权归金融租赁公司，企业如果倒闭，在清偿时应先于其他债权人。商业银行与金融租赁公司的不同如图1-12所示。

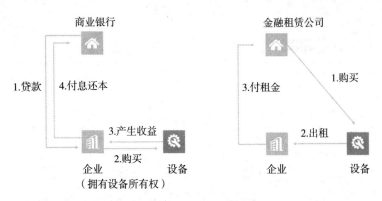

图 1-12　商业银行与金融租赁公司的不同

第二单元

商业银行零售业务

我国零售银行业务大部分是从20世纪80年代中期开办的，经过30多年的改革发展，网点渠道从少到多，业务领域从窄到广，金融品种从简到繁，操作服务从粗到细，经营管理从宽到严。在经济全球化和金融国际化的背景下，零售银行业务日趋成为中外资银行追逐竞争的热点和焦点。

一、零售银行业务概念及沿革

"银行"一词，大家都很熟悉，英文叫"bank"，在字典里有多种含义，包括银行、堤、岸；沙洲、沙滩；一堆（云）层；储藏所（库）等。历史记载，银行是从为个人提供货币兑换、保管、汇兑服务的货币经营业发展起来的。据说，"银行"一词"bank"的起源，源于意大利文"banca"，意思是货币兑换商的凳子；又有人说，古法语叫"banque"，就是板凳的意思。英语"破产"为"bankruptcy"即源于此，意思是倘若兑换商的资金周转不灵，无力支付债务时，就会招致债主群起捣碎其长凳，这样兑换商的信用即宣告破产。所以说，银行是从零售业务首先发展起来的。随着时代的变迁，领域越来越宽，作用越来越大，地位越来越高，影响越来越远。

所谓零售银行业务，也称个人金融业务，是指商业银行针对个人或个人投资者，运用现代经营理念，依托高科技手段，向个人及其家庭、中小企业主提供的综合性、一揽子的金融服务，包括存取款、贷款、结算、汇兑、投资理财等一系列金融服务。它不是某一项业务的简称，而是许多业务的总称，它有着广泛的业务内涵，既可以是传统银行业务，也可以是新拓展的个人金融业务；既可以是资产业务，也可以是负债业务、中间业务、网上银行业务、手机银行业务等。回顾我国零售银行业务发展，大致经历了三个阶段。

（一）专业银行职能阶段

这个阶段大致是20世纪的1993年之前。零售银行业务的最大特点有二：一是存贷款利率不可浮动，不论活期还是定期，不论本币还是外币，均不准浮动，由人民银行说了算；二是专业银行业务原则上不准交叉。工商银行1984年从人民银行单独分出来后，主要以居民储蓄存款和工商信贷为主；农业银行主要经营与农业、农村和农民相关的业务；中国银行主要从事外汇、外币业务；建设银行主要从事"建"字号的固定资产投资业务，尽管从20世纪80年代中期开办了住房储蓄、试办了居民储蓄业务，但开办网点不多，经营规模不大。

（二）商业银行职能阶段

这个阶段大致从1994年到2004年。零售银行业务的最大特点是业务可以全面交叉，经营不大规范，无序竞争突出。主要表现在：一是高息揽储强劲，用各种手段包括赠送礼品、回扣等吸引客户眼球，抢市场、上份额是银行工作的主要目标和方向；二是盲目发展网点，形式包括自办点、联办点、代办点，业务五花八门，后期虽然整治，但仍未完全到位；三是业务领域在扩展，产品种类在增加，手段工具在更新，银行卡在网上使用，缺乏规范有效监管，事故、事件频发。

（三）上市银行职能阶段

这个时间段大致在2005年后。随着各种体制改革、政策推进和市场客户需求的巨大变化，特别是金融国际化的实施，零售银行业务的发展呈现几个特点：一是客户需求由单一品种转向投资组合设计与存款、融资、结算、信用卡等业务相结合的"一揽子"服务；二是业务种类由存款业务为主转向贷款和中间业务；三是手段和方式由传统的网点柜台转向网络技术支撑的网络化、电子化载体；四是服务领域由区域化向国际化、全球化发展；五是利率自由化程度加速，特别是定期存款和综合理财产品的利率市场化、差异化和个性化，推动了综合金融和供应链金融服务的发展。

二、零售银行业务范围和特点

经过三十多年的改革和发展，零售银行业务的渠道、工具、产品、服务和经营管理等已经比较成熟。

（一）零售银行业务范围

概括起来可以从三方面来体现：

第一方面：个人的负债业务。主要包括活期存款、定期存款、银行卡存款、金融债券、大额可转让定期存单等。

第二方面：个人的资产业务。主要包括各类个人信贷业务，比如个人住房贷款、个人汽车贷款、个人消费额度贷款、个人助学贷款、个人助业贷款，个人信用卡透支贷款等。

第三方面：个人中间业务。主要包括个人信托、个人租赁、个人汇款、个人结算、个人理财及咨询、个人保管箱、个人票据托收、个人代理支付、个人外汇买卖、个人外币兑换、个人网上支付等。

（二）零售银行业务特点

从理论和实践结合的角度看，零售银行业务可以归纳为五大特点，这五大特点也决定了它有巨大的发展空间。

第一，业务的广泛性。从涉及的范围看，既有传统的个人和家庭保值增值理财内容，又有现代价值趋向的生活消费爱好。从币种看，既有人民币业务，又有外币业务；既有纸质货币，又有电子货币；既有实体货币，又有虚拟货币。从数量看，存款现在有十几种，个人贷款也有十几种，还有汇款、兑换等，各种理财产品和服务名目繁多、层出不穷。这些业务还在不断发展，不断增添新品种。

第二，风险的分散性。零售银行业务的服务对象具有单个分散、单笔金额有限、业务总量庞大的特点，与批发业务相比，在同样的经营规模下，零售银行业务可以更好地分散经营风险。

第三，服务的差异性。零售银行业务的客户千差万别，它针对的服务对象是个人或家庭，个人的需求是很多的，载体不同客户不同，产品不同客户不同，内容不同客户不同，所以服务的差异性显而易见。

第四，政策的多样性。零售银行业务涉及千家万户，关系到社会稳定和经济繁荣，很复杂也很具体，操作起来很慎重，所以国家在出台相关政策时，往往把保护个人客户权益放在重要的位置，进而对零售业务也给予了多重保护措施，为零售业务营造了一个非常稳定的发展环境。

第五，盈利的稳定性和潜在性。国外银行特别是美国和欧洲一些发达银行的实践证明，零售业务的盈利性好、潜力很大。从存贷利差看，现在个人贷款基准利率一年期是4.35%，五年期是4.75%；一年期存款基准利率是1.5%，三至五年期是2.75%，加权平均，中间有2~3个百分点的利差。而发达国家日本仅有1.5%，西欧1.91%，可见我国的中间利差是很大的。从个人资产占全部资产的比重看，美国银行大致占62%，而我国四大银行平均不到20%，还有很大的发展空间。从中间业务收入占比看，美国银行近几年为40%左右，而我国银行平均在15%以上，四大银行也不到20%。从零售银行业务对本行的贡献度看，花旗银行是40%~50%，美国银行也是这个比例，汇丰银行控股的个人金融服务集团和私人银行集团的利润在其全部利润收入总额中的比例占到45%以上，我国的市场同样具有这个潜力。

所以零售银行业务自身的特点，决定了它的战略地位和发展空间。

三、零售银行业务重点产品

零售银行业务产品很多，这里仅就几个带有基础性、战略性和日常人民生活息息相关的重点业务产品，作简要介绍。

（一）银行卡业务

银行卡，是指由商业银行向社会发行的具有消费信用、转账结算、存取现金等全部或部分功能的信用支付工具。银行卡业务的发展也经历了半个世纪：1951年美国纽约富兰克林国民银行发行了第一张现在意义上的信用卡，20世纪50年代末到60年代初，信用卡在美国风行起来。1966年万事达卡（Master）国际组织成立，1976年维萨卡（VISA）国际组织成立，20世纪80年代，维萨卡和万事达卡的网络体系扩展到全球。几十年来，在我国流通的国外信用卡主要有：运通卡、维萨卡、万事达卡、大莱卡、JCB卡等。我国的银行卡是从20世纪80年代中期开始发行的，首先中国银行发行了长城卡、接着建行发行了龙卡、工行发行了牡丹卡、农行发行了金穗卡。特别是从20世纪90年代末期以来，中国的银行卡开展了联网联合，成立了中国银联，发行了银联标识的卡。中国银联卡，不仅在国内全面使用，而且在全球广泛使用。银行卡发展示意图见图2-1。

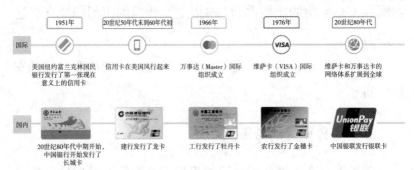

图 2-1　银行卡发展示意图

从银行卡的种类看，可划分为以下几类：

1. 银行卡和非银行卡

这是按照发行主体性质不同来划分的。银行卡是由银行独立发行或与合作伙伴联合发行的，用于存取款、购物消费、转账结算的信用工具，其中后者称为联名卡或认同卡。非银行卡主要有商业信用卡和旅游信用卡等，商业信用卡由商业及零售企业为百货公司、石油公司等单位发行，持卡人凭在指定的商店购物或车站加油等，定期结算；旅游信用卡由航空公司、旅游公司等发行，用于购买车票、机票、船票以及用餐、住宿、娱乐、消费等。具体见图2-2。

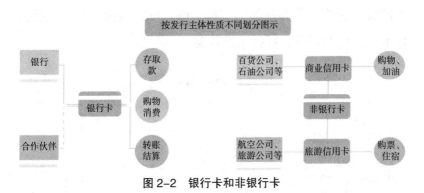

图 2-2　银行卡和非银行卡

2. 借记卡、贷记卡和准贷记卡

这是指按账户性质划分的。其中借记卡按业务类型细分，又可进一步划分为储蓄卡、转账卡、专用卡（提款卡）、综合理财卡；贷记卡（也称信用卡）按业务类型可细分为公司卡、个人卡。借记卡是指发卡银行所属网点为客户签发的一种多功能的活期储蓄存款凭证和电子支付工具，客户凭此卡可在自动柜员机上存取款、转账、查询、更改密码等；也可在特约商户购物消费。贷记卡即信用卡，是由银行或信用卡公司向资信良好的个人和机构签发的一种信用凭证，这个凭证明确了可以透支的信用额度。持卡人凭卡可在特约的商户购物、消费，也可在自动柜员机上办理取款、转账、查询信用额度、更改密码等业务；准贷记卡是由银行向资信良好的个人和机构签发的一种信用凭证，持卡人按发卡银行要求先交存一定金额的备用金，当备用金账户余额不足时，可在发卡银行规定的信用额度内透支。持卡人可持卡在自动柜员机上办理存取款、转账、查询信用额度、更改密码等业务。在特约网点可以购物、消费。准贷记卡如卡内有存款，可按活期计息。

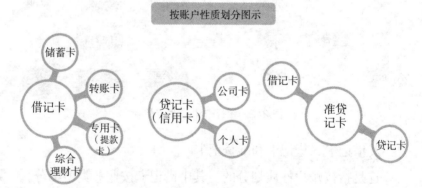

图2-3 借记卡、贷记卡和准贷记卡

3. 磁条卡和智能卡

这是按照银行卡的介质（信息载体）来划分的。磁条卡，是指在银行卡的背面磁条信息中存储有与银行卡有关的一些简单信息资料的银行卡。智能卡（Smart Card），是指有一个或多个集成电路芯片组成，并封装于卡片内。智能卡芯片具有暂时或永久的数据存储能力，其内容可供外部读取，或供内部处理和判断使用。一些智能卡，通常也被称为储值卡，其电脑芯片中存有一定的货币金额，如有消费使用，即行扣除。

4.联名卡和认同卡

联名卡是由发卡银行与营利性机构合作发行的银行卡附属产品，其所依附的银行卡品种必须是发卡银行已经发行的卡产品，并应当遵守相应的业务章程或管理办法。联名卡持卡人在合作单位用卡，能提供一定比例的折扣优惠或特殊服务。认同卡是由发卡银行与非营利机构合作发行的银行卡附属产品，同样，所依附的银行卡品种必须是发卡银行已经发行的卡产品，并应当遵守相应规章制度；认同卡的持卡人领用认同卡，也就表示对认同单位事业的支持。联名卡与认同卡的主要区别在于合作机构性质是营利还是非营利组织，如属营利组织则为联名卡，否则为认同卡。

5.本币卡与外币卡

这是按银行卡结算账户是本币或外币来划分的。本币卡，是指发卡银行发行以所在地本币为结算货币，仅限发卡银行所在国家使用的银行卡；外币卡，是指发卡银行发行的以国际通用货币（一般为美元）作为结算货币，可在世界各地使用的银行卡。

6.金卡和普通卡

这是指按客户的资信等级不同来划分的。金卡一般发给经济实力强、社会地位高、信用良好的个人使用。金卡消费信用额度较高，持卡人使用主卡还会得到VIP服务；普通卡发给经济实力、资信状况普通的个人使用。

7. 主卡和附属卡

这是按持卡人清偿责任不同而划分的。主卡持卡人是账户的第一责任人，负有对透支账户进行清偿的责任，主卡持卡人有权要求注销附属卡；附属卡与主卡共用一个账户，对透支账户负有清偿连带责任。

8. 个人卡和单位卡

这是银行按发卡对象不同发的卡。个人卡是有完全民事行为的个人申请持有；单位卡持卡人均由其单位法定代表人或其委托的代理人书面指定，单位有权要求注销其账户下某张信用卡或全部信用卡。

（二）个人信贷业务

1. 个人信贷业务概念和内涵

个人信贷业务是指商业银行等金融机构向个人客户发放信贷资金，满足其资金需求，个人客户在约定期限内还本付息的信贷行为。个人信贷，是银行信贷业务的一部分，即面向个人客户的信贷业务，贷款发放是以收取利息为盈利方式。放到经济运行的大环境中，个人信贷是经济主体融资方式的一部分，是间接融资中对个人主体的融资行为，它是在人类经济发展中为满足市场需求而产生的经济行为，并在现代经济体系中起到必不可少的作用。

个人信贷的发放主体以商业银行为主，还包括专业的金融公司、财务公司等非银行金融机构。在国外，广义的个人信贷还包括商品生产或流通企业向个人客户提供的分期付款、授信消费等促进其商品周转流通的便利消费方式。长期以来，国内外对个人信贷有多种不同的定义方法，形成了个人贷款、消费贷款、消费信用等多种概念，在英文中有Personal Credit，Personal Loan；Consumer Credit，Consumer Finance等相关词汇。在现代消费信用发展最成熟、最普遍的美国，主要用面向消费者发放的贷款来定义，主要包含两方面特别的规定：一是对贷款用途界定为个人或家庭，实际上强调的消费用途；二是将商业机构分期付款的赊销行为也包括在消费贷款的定义范畴之内。

　　在国内，消费信用市场发展时间不像欧美国家那么长，业务发展上还没有形成固定的模式。但是2000年以来，随着经济和金融的发展，特别在现代以货币交易占主导的市场经济体系中，信用具有举足轻重的地位，是市场经济的基本特征。由此，消费信用和信用消费也都被列入个人信贷和消费贷款的范畴。消费信用就是指消费领域的借贷行为，是信用行为的一类；而信用消费是从消费方式的角度来讲的，是对消费手段的一种描述。消费信用多用于商业银行经营领域，是与公司信用或对公信贷相对应的概念；而信用消费主要出现在对市场运行的描述，是与现金消费或全部消费相对应的概念。所以，这里介绍的个人信贷涵盖了两种方式，是一个广义的概念。

　　2.个人信贷业务分类

　　个人信贷业务按照实现形式的不同，主要包括个人贷款和贷记卡即信用卡透支。由于银行卡业务一节中，已经详细介绍了贷记卡即信用卡业务的有关功能，这里仅就个人信贷业务种类及方式作介绍。从实践看，面向个人客户发放的贷款在银行产品体系中，又可作以下几种方式的分类。

第一类：根据贷款用途的不同，个人信贷业务可分为个人住房贷款（又称个人住房按揭）、个人汽车贷款、个人创业及生产经营用途贷款、日常耐用消费品贷款、个人助学贷款等。从国际看，个人住房贷款和个人汽车贷款占据个人信贷业务的主要份额。

第二类：根据贷款有无担保，可分为信用贷款和担保贷款。信用贷款是指借款人完全凭借个人信用申请获得贷款；担保贷款是指借款人通过提供一定的担保措施而申请的贷款，担保方式又可分为权利质押、财产抵押和第三方保证等方式。

第三类：根据贷款期限不同，可分为短期、中长期、长期贷款。短期指一年以内的；中长期指一年到五年的；长期指五年以上的。

第四类：根据贷款偿还方式不同，可分为分期还款贷款、一次性偿还贷款、循环使用贷款等。分期还款指借款人在贷款期限内分若干次偿还贷款本金和利息；一次性偿还贷款指贷款到期后一次清偿本息；循环使用贷款指借款人获取放款机构的贷款授信，在一定的期限内，借款人可在授信额度内支用贷款，并在偿还后可再次支用。

3. 个人信贷业务意义与作用

从全球市场来看，个人信贷业务已经成为商业银行的基本产品，在信贷资产规模和利润中占据重要的份额，尤其对广大居民个人和国民经济及社会发展有着举足轻重的作用：一是个人信贷业务是现代经济体系健康运转必不可少的经济行为。无论是人们的日常生活消费，还是生产投资开发，以及推动经济增长必不可少，作用极大。二是个人信贷业务是现代商业银行信贷资产的重要组成部分和重要的利润增长点，主要体现在：它是商业银行资金运用的重要渠道和收入的重要来源，据有关资料，花旗银行和国外一些银行，大致有40%~45%的收入来自消费信贷，我国商业银行也占20%左右。三是个人信贷业务是挖掘消费潜力，提高居民生活水平的重要金融工具，它可以为个人客户提供资金周转的便利，缓解资金缺失和应对紧急事件的资金需求；可以通过信贷融资，改善生活品质；可以帮助个人实现财富需求和财富增长；也可以为个人创业、实现职业生涯发展提供保障。

4. 个人信贷业务发展趋势

作为消费信用的主要实现形式，个人信贷必然在经济发展中扮演越来越重要的角色。一是个人信贷将在社会经济运转中占据日益重要的位置。随着全球市场经济的总体推进，消费信贷在各国，特别在发展中国家经济发展中的作用必然会进一步显现，信用消费这种方式市场份额将继续扩大，逐步或已经成为消费市场普遍行为。作为扩大消费、促进市场需求的手段，信贷消费也将得到各国政府政策的大力支持。二是金融科技应用水平的提高，将对个人信贷业务发展起到巨大的推动作用。随着云计算、区块链、现代通信设备、自动化设备，在网上、手机上等工具上的普遍应用，个人信贷业务的高效化、便利化、安全化肯定会越来越普及。三是信用环境的改善，将更加有利于个人信贷业务的健康发展。随着市场国际化、金融全球化和信贷规范化程度的不断提升，人们的信用意识，国家和行业征信体系和信用法制等将逐步完善和规范，以个人信用为基础的个人信贷业务环境将大大改善，该项业务的发展前景不可限量。

（三）个人理财业务

1. 个人理财业务概念和内涵

个人理财业务，是指商业银行利用多年积累的个人客户服务经验和行业优势，依靠高科技、现代化的服务手段，通过对金融产品、服务方式、服务网络、服务价格的有效整合和创新，帮助高中端客户实现其理财目标的一系列活动。其目的是通过为客户提供增值性服务或使用客户享受到服务的增值，实现与客户的双赢，培养客户的忠诚度，提高客户认同率和赞誉率，稳定和扩大客户特别是优化客户队伍，提高商业银行可持续发展能力。

商业银行开办个人理财业务，是市场和客户的呼唤，是同业竞争的结果。从性质上看，它是一项综合性银行服务，涵盖了客户的一切财务活动和投资活动，核心内容是为客户策划财务组合方案，提供高知识含量和高技术含量，通过多方协同和客户经理的精心组织而成。从服务对象上看，个人理财业务主要针对高中端客户而进行的一种服务，也就是客户不是一般或普遍通客户，而是对其在本银行的金融资产或贡献度有着一定的限制，如达到500万元或1000万元及以上的，方可成为银行的VIP，从而对其理财。从服务方式看，个人理财业务是一项客户经理与客户面对面、一对一的服务。因此，它需要有适当的营业环境，如开放式柜台、理财室、贵宾理财室等。同时，也离不开高柜和自助终端等的支持。从银行自身的经营管理角度看，是银行个人金融产品和服务的一种有效的营销手段和销售网络，因而也是一种重要的竞争手段。

2.个人理财业务的种类

第一，按经营主体分为银行理财产品、投资市场理财产品和消费市场理财产品。银行理财产品包括自营和代理两大类。从主要的理财产品看，大致有各类本外币存款产品、各类贷款产品、各种结算产品、综合理财产品（含综合理财账户、银证通、银券通、缴费一户通、户户通、一卡通、一折通等）、投资理财产品（含个人委托贷款、期货、期权、黄金买卖、外汇买卖、外汇结构性存款等）。投资市场理财产品，包括证券市场、房地产市场、期权期货市场、信托市场、保险市场及邮、币、卡市场上的产品等。消费市场理财产品，包括生活必需的各类商品及具有收藏价值的生活用品、装饰品等。

第二，按理财产品的功能属性划分为投资类理财产品、融资类理财产品、结算类理财产品和消费类理财产品。

第三，按满足客户理财目标不同分为生活理财类产品和投资理财类产品。生活理财类产品包括各种存款产品、融资产品、综合理财类产品等。投资理财产品包括各种投资类产品及满足投资需求的融资产品、综合产品，及本外币代客理财产品等。

3.个人理财产品研发与创新

第一，要发现客户需求。客户需求是商业银行进行产品研发的基础，可以通过专门的市场调研、客户信息反馈、国家及有关部门政策法律颁布，组织力量研究，多个渠道获取，而且组织是动态的、超前的，一旦发现掌握，就要立即研究，以免贻误商机。

第二，要制定并组织实施产品创新可行性研究报告。可根据轻重缓急，制定可行性研究报告。研究报告至少应包括以下内容：理财项目背景及业务开发的可行性；理财项目目标及要求；分析现有系统，阐述项目开发的必要性；分析技术可行性，评估项目风险，提出比较后的建议技术方案；明确项目开发可利用的资源，并提出开发方式和实施进度；进行投入产出分析，测算项目投入及预期的组织和社会效益。

第三，要制订并组织实施产品开发计划。包括开发时间、地点、人员、进度安排、费用保障等。

第四，要制订并组织实施产品推广计划。包括产品品牌推广时间、推广范围、营销策略、营销费用等。

第五，要进行产品效果评估和功能优化。理财推向市场后，要对投放效果及时跟踪调查，分析市场客户反映，并及时组织评估和研究调整有关营销策略等，如图2-4所示。

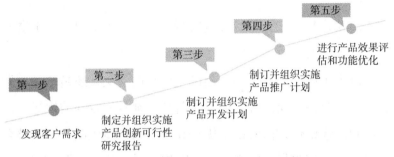

图2-4　个人理财产品研发与创新步骤示意图

四、中外零售银行业务竞争力比较

零售银行业务竞争力构成比较复杂，下面从几个关键要素比较分析一下。

（一）主要产品比较

1. 从产品种类上看，外资银行可提供的零售业务产品面广于中资银行

多年来国外银行形成了以客户为中心、满足客户多元化需求的较为完整的产品线和较完善的产品创新体系，产品基本涵盖银行、保险、证券、信托、基金等行业，并有适宜的产品宽度和深度。目前，包括花旗银行、汇丰银行、德意志银行等欧美商业银行，多属于全能性银行，可以提供包括银行、证券、保险、基金等一揽子客户需要的金融产品。相对于国内金融的

分业管理，在产品和服务协同上，前些年具有明显差异。最近几年随着金融体制改革，国内银行的综合金融产品越来越多。但是，受分业监管的约束，银行发行的综合理财产品还较为单一。

2. 从产品功能上看，外资银行总体强于中资银行，中资股份银行优于大型国有银行

进入中国的外资银行，不论在产品储备上，还是产品研发能力上以及银行经营管理、市场营销上都具有较强的优势。而股份制商业银行，借助系统优势和灵活的创新机制，产品整合性好，功能较为强大、齐全。国有银行的零售产品及功能总体相仿，在传统产品上优势明显，在新产品和对潜在客户以及预见产品的创新上略显薄弱。

（二）客户资源比较

1. 从客户数量上看，四大银行在个人客户总量上具有绝对优势

初步估算，工、农、中、建四大行客户规模占整个市场客户的70%以上；从最有价值的客户数量分析，四大行估计占60%以上，大银行具有绝对优势。

2. 从客户定位来看，外资银行的客户质量最高

花旗、汇丰直接将客户瞄准在境内的5%~10%的高收入阶层，客户质量最高；国内银行主要面对成长性客户、高收入阶层客户、白领和私营业主客户等，客户质量还有待提高。

3. 从客户服务来看，外资银行的服务内涵更为丰富

外资银行的服务普遍实现了差别化、专业化，通过对市场、客户细分，实行业务分类经营，不是简单的厚此薄彼、贵客优先。国内银行针对优质客户的服务内容具有"同质性"，离"以人为本、以客户为中心"的理念和表现，受政策性影响还有一定差距。

（三）服务手段比较

1. 渠道建设

外资银行最大的优势是遍布全球的物理和虚拟分销渠道，可以为全球不同需求的客户提供不同层次的产品和差异化的服务。在我国市场，由于政策限制，以及其自身经营成本、资本回报等相关要素的约束，外资银行不可能简单地通过营业网点扩张实现业务规模增长，大部分通过参股形式，或建设战略性同盟，同时采用客户服务中心、网上银行、自助银行等低成本的虚拟银行网络，实现分销渠道最大化扩张。与外资银行相比，国内银行特别是大型银行在物理网点的建设上具有外资银行无法比拟的明显优势。最近几年，通过网上银行、手机银行和智慧银行办理业务，更是有了突飞猛进的发展。

2. 系统支持

外资银行拥有先进的、以客户为中心的前后台处理系统，在管理信息系统建设上领先于国内银行。从客户支持系统上看，外资银行普遍建立了高水平的集中统一的计算机应用系统，通过科技手段将个人客户的个人资料、账户信息整合，为

客户提供全方位、多层面、"一站式"、个性化的金融服务，为产品营销、产品开发与更新换代提供强有力的技术保证。目前，国内大部分银行已经建立了以客户为中心的前台业务处理系统，并针对重点客户建立了理财支持系统，但是整体上的管理信息系统还不完善，真正意义上的基于数据仓库技术的客户关系管理刚刚起步。

（四）员工素质比较

从客户经理队伍建设的情况看，外资银行的客户经理素质普遍较高；中资银行的客户经理专业化水准近年来也有显著提升，特别是理财业务中的理财师队伍（AFP、CFP）的数量和质量增长呈现可喜局面，但与客户要求和国际发达银行比，还有一定差距。所谓AFP，是指金融理财师；CFP是指国际金融理财师。这两者都是国际上认可度较高的理财师专业资格认证，都必须按照国际委员会制定的教育、考试、从业经验和职业道德标准考试后，方能取得资格认证，可以说有一定的专业权威。在此方面，中资银行目前正在全力跟进。

五、零售银行业务发展趋势

随着市场和客户需求的巨变，特别是金融科技的广泛应用，包括大数据、云计算、区块链、人工智能等先进手段和工具的驱动，未来零售业务在战略布局、IT架构、业务创新、网点构建、营销风控等方面模式难定，但至少会引起以下几大变化。

（一）体制机制独立化

根据美国银行等发达银行的经验，结合国内一些银行成立科技金融公司，未来我国零售银行、财富银行、网络银行、信用卡中心等，作者认为迟早要独立经营、独立核算、独立考核，零售业务事业部制或准事业部制、单元制势在必行。

（二）服务平台融合化

受科技深层次推进的影响，银行必须随之跟进。这样一来，银行内部的新旧部门、新旧业务、新旧模式、新旧手段、新旧文化、新旧人员必然融合。同时此银行与彼银行、此机构与彼机构之间也将共搭平台，共享信息，共建生态，共用个人客户、政府、企业和科技的自然资源和再生资源。

（三）同业竞争特色化

随着市场主体的跨界融合，包括银行业、证券业、基金业、信托业、租赁业、保险业、期货业等综合金融服务的扩大，一方面零售业务领域开发的综合产品会越来越多，另一方面同业竞争更趋激烈，产品的同质化肯定会继续延伸。但必须看到，个性化、差异化和特色化的综合金融产品，将会有强大的生命力，各家银行一定会运用科技手段，强化创新，打造具有个性化的特色产品和品牌产品，这是未来吸引市场和客户的最大看点。

（四）风险规避精细化

银行本来就是一个高风险行业，随着科技金融的广泛应用，新老平台、新老渠道、新老机制、新老政策，都将面临重新洗牌。监管部门、银行自身和客户，风险理念和规避措施都在强化，特别是在客户识别、产品预判、工具运用、市场培育、国别风险等方面，各自都会建立一些风险"防火墙"。谨慎投资、精细管理和运用高科技预警监控，将会是大家对未来的共识。

第三单元

商业银行批发业务

批发业务，是相对应零售业务概念的公司机构类金融服务。涵盖公司银行业务、机构金融业务、国际金融业务等。批发业务是银行的主营业务，它是随着国家经济、金融体制的不断改革、银行职能的不断调整、企事业单位不断壮大而逐步扩展，是银行推动国民经济持续稳定发展的重要支柱。

一、公司银行业务

公司银行业务，是商业银行批发业务中最传统、最基本、最块大、最重要的一项业务。公司银行业务以企业法人客户为主要服务对象，通过营销、管理和维护提供的一系列资产、负债和中间业务等金融产品和服务。公司银行业务的主旨是：在营销传统优势产品的同时，围绕"大资产、大负债"创新产品服务，搭建综合营销平台，为整个对公客户提供"量身定制"的差异化综合金融服务。

（一）公司银行业务客户类型和范围

一般来说，公司银行业务客户，指的是企业、机构类的法人客户，目前许多商业银行将公司银行业务部门管辖客户界定为大中型公司类客户，将其机构类客户和小微企业客户分别成立部门管理。依据客户的贡献度和重要程度，商业银行一般将公司银行客户划分为总行级主办银行客户、总行战略性客户、总行级重点客户和一般公司类客户（见图3-1）。

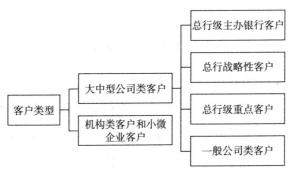

图 3-1　按客户类型划分示意图

从公司银行业务范围看，一般包括传统的负债业务、资产业务和中间业务。比如，负债类业务产品主要有企业存款、派生存款、结构性存款等；资产类业务产品有固定资产贷款、流动资金贷款、银团贷款、房地产贷款、票据贴现等；中间类业务产品有保证、承兑、工程造价咨询、代收代付等；还包括战略性、创新性业务，产品如城镇化贷款、供应链融资、PPP系列产品，综合金融服务等（见图3-2）。

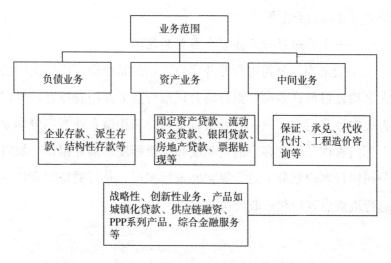

图3-2　按业务范围划分示意图

（二）公司银行业务主要特点

第一，政策性强。由于公司银行业务涉及的行业广泛，品种繁多，既要受到国家、地区和有关部门管辖的行业政策、产业政策、区域政策和国别规定要求的限制，还要受到来自部门、企业和银行自身信贷政策和法规的约束。同时，在不同时期，改革、规定也在不断调整。所以，商业银行每年都要研究制定一些信贷投放政策，并在具体实施前进行授信审批或现场考察，最后研究出台有关实施意见，贷后还要进行跟进监督。简式图示见图3-3。

图3-3　公司银行业务的政策性

第二，一体化程度高。公司银行客户特别是公司类集团客户，大多数属供应链式客户或综合化公司，从事着多种经营，发挥着多功能作用，涉及的行业广泛，经营内容丰富，对金融产品的需求体现出多样化和个性化特点。商业银行提供的服务，既有传统的存、贷、汇业务，也有20世纪90年代后开发的投资、融资、服务三大类产品和服务。目前各产品线不断细分和丰富，电子化应用的水平不断增强，综合化、

全球化、一体化的金融服务能力也在不断提升。简式图示见
图3-4。

图 3-4　公司银行业务的一体化程度

第三，管理严格。公司银行业务环节很多，部门岗位设
置也很精细。从办理环节看，涉及客户营销、业务管理、市
场调查、信用评级、项目评估、授信审批、贷后管理等诸多
环节；从涉及的岗位看，涉及客户经理、产品经理、风险经
理、审批经理等多个角色；从风险点看，涉及市场风险、信
用风险、国别风险、操作风险、声誉风险、道德风险以及系
统性风险，所以对涉及的各层级人员，在政策规定运用、职
业道德操守、业务精准把握等方面要求很高、很细。简式图
示见图3-5。

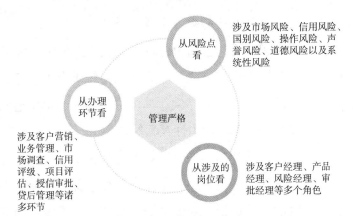

图 3-5　公司银行业务管理

第四，协同效应明显。公司银行业务是商业银行服务客户的基础性业务，通过综合营销，它可以带动零售业务、资产管理业务、养老金业务、投资业务、同业业务、机构金融业务、海外业务等多个领域业务协同发展。同时，对集团业务、子公司业务、供应链金融业务等，都是一个极大的促进。只要商业银行加强各条线业务的密切联动，其协同效应发挥的综合收益不言而喻。简式图示见图3-6。

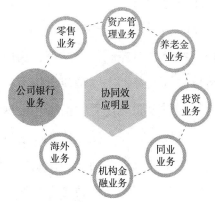

图 3-6　公司银行业务的协同效应

（三）公司银行业务的重点业务和产品

从客户需求角度看，公司银行业务产品大致分为三大类：

第一类：投资类产品。主要是企业的传统类存款业务，包括单位活期存款、单位定期存款、单位协定存款、单位通知存款、单位协议存款、单位结构性存款等。

第二类：融资类产品。根据客户意愿和需求，又可细分为流动性需求、扩张性需求和专业化需求三种情况。在流动性需求方面，提供的产品包括一般流动资金贷款、法人账户透支、循环额度贷款、订单融资、国内保理、商业承兑汇票、贴现等；在扩张性需求方面，提供的产品包括基础设施建设贷款、技术改造贷款、并购贷款、银团贷款、网上融资贷款等；在专业化需求方面，提供的产品包括房地产开发贷款、保障房贷款、抵押贷款、扶贫贷款等。

第三类：服务类产品。大致有委托贷款、贷款承诺书、租赁融资贷款、银行承兑汇票、保证保函类产品、咨询服务类业务和代收代付类业务等。

这里重点介绍一下服务类产品—工程造价咨询业务，它在批发业务中很有特色，对控制预、决算，为国家节减投资举足轻重。工程造价咨询业务，主要是建设银行在长期从事固定资产投资管理和代行财政职能过程中衍生和发展起来的一项特色传统业务。主要是接受客户委托，从建设项目决策到项目建成各个阶段，对工程建设投资的确定和控制所提供的专业管理咨询服务。造价咨询业务主要用于满足客户如下功能：一是项目建议书、可行性研究投资估算及项目经济评价报告的编制与审核；二是项目概预算的编制与审核，并配合设计方案比选、优化设计、限额设计等工作进行工程造价分析与控制；三是项目合同价款的确定、合同签订与调整及工程款支付、工程款结算及竣工结（决）算报告的编制与审核等；四是工程造价纠纷的鉴定和仲裁的咨询；五是项目建设资金监管和信息服务，以项目建设全过程的管理与服务等。五十多年来，这项业务的开展，为国家节约了上万亿元的投资，受到了历届政府和有关部门的高度赞扬。

重点业务和产品见图3-7。

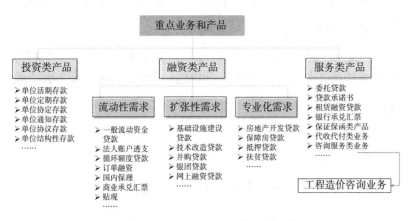

图 3-7　公司银行业务的重点业务和产品

（四）公司银行业务主要风险辨析

公司银行业务的风险无处不在，无时不有，如果经营管理不善，问题会无孔不入。

从投资类产品看，风险点主要集中在存款利率大战和考核上。一方面，高息揽存屡禁不止，抬高了银行自身的融资成本和经营成本；另一方面，月末、季末、年末冲时点，"以存款论英雄"，无序竞争，扰乱金融秩序。

从融资类产品看，风险点主要集中在操作风险和市场风险上。比如，固定资产贷款主要在于项目获批但资本金未到位，就会造成合规性风险；流动资金贷款主要在于过度授信风险和贷后管理不到位的风险；法人账户透支产品主要在于还款风险；票据融资在于虚假贸易、假票和无效票据风险；并购贷款在于合规、关联交易和高杠杆风险；房地产开发类贷款在于贷前调查不到位，押品管理评估造假，贷款挪用等风险；银团贷款在于信息虚假、权责不对等风险等。

从服务类产品看，风险点主要集中在业务不熟悉造成的操作风险和信用风险上。比如，开展银行承兑汇票业务中存在着欺诈和担保不足风险；保证业务中存在交易背景不真实风险和担保不足风险等。

以上这些业务风险如何辨析，需要银行职员勤学苦练、精准掌握职业操守，并在实践中不断总结经验教训。

二、机构金融业务

机构金融业务是商业银行批发业务的支柱性业务，从20世纪90年代以来，随着市场化体系的建立，业务规模的逐步扩大，发展非常迅速。它是商业银行向机构金融类客户提供资产、负债和中间业务等投资产品和服务的经营行为。

（一）机构金融业务客户类型和范围

机构金融业务涵盖客户比较特殊，业务领域广泛，一般可分为两大类：一类是政府、事业机构类客户，另一类是金融机构类客户，如图3-8所示。

政府、事业机构类客户主要包括政府机构、事业法人、财政、社保、军队武警、医院、学校、社会团体等客户。

金融机构类客户主要包括：各类银行、证券公司、信托公司、保险公司、租赁公司、资产管理公司、汽车金融公司、证交所、期货交易所、期货公司、消费金融公司、财务公司、基金公司等。

图3-8 机构金融客户类型和业务范围

（二）机构金融业务主要特点

第一，条线性强。机构类客户一般呈现系统性、条线化特点，容易发挥"辐射效应"和"总部效应"，实现"一点突破，全面响应"的效果。政府机构类客户上接财政部门，下通基层社团，涉及范围广。金融机构类客户，一般来说都扮演着双面角色，一方面是客户，另一方面是合作伙伴，能够共同搭建共享合作平台，充分发挥联动效应。

第二，稳定性好。机构类客户涉及国计民生，其成立、运转和发展均在政府管辖下进行，资产归国家所有，受社会经济和市场波动影响较小，因而具有较好的稳定性和可控性。

第三，集约化高。机构类客户一般呈现权力集中、资金集合、管理集约的特点，比如国库资金集中管理；证券公司、期货公司、银行等机构，资金都集中于总部统一管理等，可以使我们抓住龙头，获得全系统的客户和资金回报，因而集约化程度很高。

第四，回报力大。机构金融类业务所辖客户，社会地位特殊，一般都掌握着大量的信息资源、资金资源、客户资源和服务资源。比如，政府机构客户掌握着大量的项目建设信息，可以借此捕捉众多商机；事业单位中的学校、医院、社团，掌握着大量的关联客户，密切合作，可以培育成稳固的个人客户群体；金融机构类客户，集合了大量的个人投资者，包括一些财富类客户，所以商业银行内部联动合作，会收获到双赢甚至多赢的效果。

（三）机构金融业务重点产品

机构金融业务提供的产品，一般来说有三种类型。

第一种类型：负债类产品。为实现资金的保值增值，支付结算和汇兑融通，机构类客户需要通过银行为其提供银行负债业务。其中，政府类客户主要使用对公活期存款、定期存款、协议存款、通知存款；金融类客户主要使用同业活期存款、同业定期存款、协议存款、通知存款等。

第二种类型：资产类产品。一般来说商业银行提供的产品都有所不同，比如建行提供的产品一般包括国内金融机构人民币结算透支、标准仓单、质押贷款、证券公司股票质押贷款、机构客户单位购房贷款、回购型汽车金融零售信贷资产受让、买入返售银行承兑汇票、特定目的载体、同业投资、存放同业、同业借款、同业代付等。

第三种类型：中间业务类产品。各家银行提供的产品有所不同，但至少有以下产品服务：证券质押贷款与监控业务、政府类监管资金业务；电子保函业务；单位委托贷款；险资投资顾问业务；代理国库集中支付业务、代理财政非税收入收缴业务、代收税款业务、代理行政企业费和罚没款、代收代付保险金、代理同业委托付款、代理彩票资金结算业务；代理社保；代理销售保险业务；代理政策性银行贷款资金结算、代理国内商业银行结算业务，代理资金信托计划资金收付业务；代理银证期业务、银期转账业务、第三方存管业务等；预算单位公务卡、八一龙卡、校园卡、医疗卡、居民健康卡、社保卡等。

（四）机构金融业务主要风险辨析

如图3-9所示，在负债类业务上，主要是操作风险和信用风险发生较多。比如，在与一些小金融机构合作的选择上，往往会受到利率高息的诱惑；有的还出现过同一个行在不同区域竞争同一个金融机构的现象，以致出现了不同标准、摊高成本的现象。

在中间类业务上，产品种类不一样，风险点表现也不一样，但一般集中在以下两方面：一是信息泄露风险，比如代理国库集中支付业务，有的未严格执行保密制度，造成付款信息及报表等相关数据泄露；二是操作风险，比如代理财政非税收入收缴业务，代收代付社保业务，有的在账户管理、系统维护方面不按规定执行，造成了账户开户不准，资金收付有误等。

在资产类业务上，风险主要集中在对政策准确性的理解和把握上，实际上就是合规风险。存放同业、同业借款、标准仓单质押贷款等产品，政策性强，一旦掌握不准，执行出错，后果不堪设想。

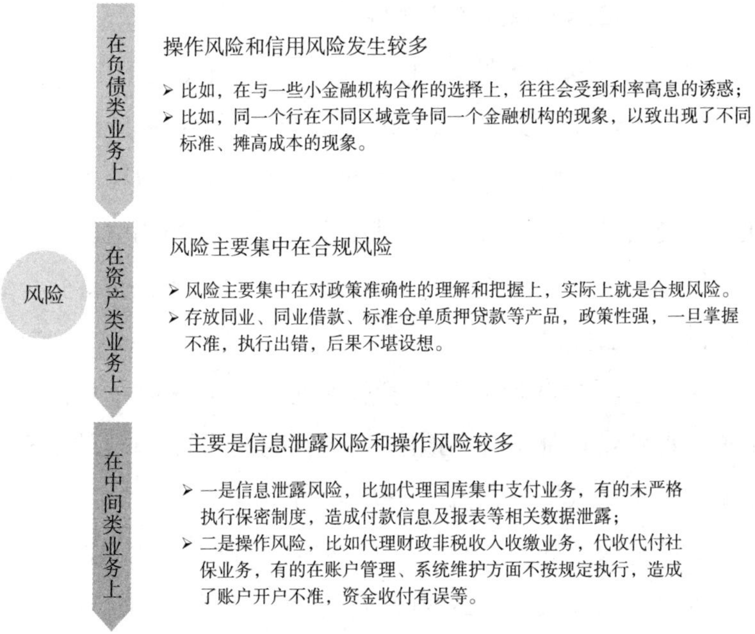

在负债类业务上

操作风险和信用风险发生较多

➤ 比如，在与一些小金融机构合作的选择上，往往会受到利率高息的诱惑；
➤ 比如，同一个行在不同区域竞争同一个金融机构的现象，以致出现了不同标准、摊高成本的现象。

风险

在资产类业务上

风险主要集中在合规风险

➤ 风险主要集中在对政策准确性的理解和把握上，实际上就是合规风险。
➤ 存放同业、同业借款、标准仓单质押贷款等产品，政策性强，一旦掌握不准，执行出错，后果不堪设想。

在中间类业务上

主要是信息泄露风险和操作风险较多

➤ 一是信息泄露风险，比如代理国库集中支付业务，有的未严格执行保密制度，造成付款信息及报表等相关数据泄露；
➤ 二是操作风险，比如代理财政非税收入收缴业务，代收代付社保业务，有的在账户管理、系统维护方面不按规定执行，造成了账户开户不准，资金收付有误等。

图 3-9　机构金融业务主要风险

三、国际金融业务

（一）国际金融业务概念及内涵

国际金融业务，是指有跨境业务背景的客户，包括进出口企业、外商投资企业、"走出去"企业、跨国公司和国外金融机构等，通过外汇和跨境人民币产品和服务，来满足此类客户的跨境贸易以及投、融资金融服务需求。国际金融业务，目前已成为各家商业银行走向国际化的主要通道，发挥着越来越重要的作用。

（二）国际金融业务主要特点

第一，全功能牌照。目前，工、农、中、建四大商业银行，都在全球经济发达、金融市场化程度高的国家或地区，开设了分支机构，而且许多地方是全功能牌照，可以使中国的商业银行经营网点遍布天下。商业银行一般通过境内分行和海外机构联动开展多功能业务，为境内外广大客户提供全球化、综合性的金融服务。

第二，差异化经营。尽管牌照是全能的，但在具体经营上许多商业银行都结合本地区、本行业务实际，有目的、有重点地开展金融服务。在海外，大部分商业银行不做或少做零售业务，广做批发业务，有的仅做一些特色业务，或当地资源丰富、员工素质具备、监管部门许可的有效益、有前景的大宗业务。

第三，综合性算账。为了解决境外业务发展"东方不亮西方亮"的问题，商业银行一般都算综合成本的盈亏，通过为客户提供国际结算、国际融资、贸易融资、国外保函等金融服务，推进本外币存款、结售汇、资金交易、投资托管、保函等一系列业务发展，从而带来较高的综合业务效益。

第四，多边性风险。国际金融业务涉及外币、外汇和跨境业务，存在着币种错配导致的汇率风险，也存在着很大的政治风险、经济风险、政策风险、市场风险和交易对手的信用风险，因此，对商业银行职员的外语水平、政策水准、市场预判、操作管理、职业操守等要求很高。

（三）国际金融业务重点产品

国际金融业务产品按服务性质划分，一般分为两大类，见图3-10。

第一类：支付结算类产品。它是主要用来满足客户对国际间债权债务的清偿需求，以及全球资金的统筹管理需求，主要包括：（1）国际结算产品，如汇款、托收、信用证等；（2）现金管理产品，如跨国企业集团、跨境人民币资金集中运营等；（3）境外银行产品，如资金互存、代理结算、跨境人民币结算等。

第二类：信贷类产品。它是用来满足客户在经营过程中的各类资金融通需求。主要包括：（1）国际融资产品，如出口信贷、项目融资、外国政府贷款转贷款、国际商业贷款转贷款等。（2）贸易融资产品，如信托收据贷款、境外代付、出口商业发展融资、出口应收账款风险参与，打包贷款、国际保理等。（3）境外保函及备用信用证产品，如内保外贷、内保内贷、备用信用证担保贷款（外保内贷）、投标保函、履约保函等。

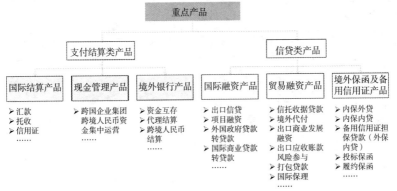

图3-10 国际金融业务重点产品分类

（四）国际金融业务主要风险辨析

国际金融业务处处是风险，但最大的风险，主要在信贷类产品上。具体表现如图3-11所示。

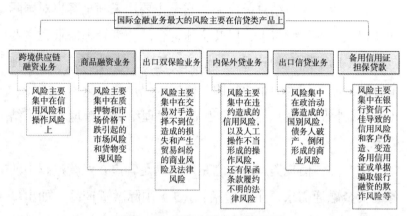

图 3-11　国际金融业务主要风险

第四单元

商业银行资产管理业务

资产管理业务，是商业银行向客户募集资金或者接受客户委托担任资产管理人，本着为客户财产保值增值的目标，按照与客户的约定，对其资产进行投资管理，并收取一定管理费用及业绩报酬的行为。资产管理业务，是商业银行自2000年来的一项重大金融创新，是一项全新的业务类型。

资产管理业务

　　本单元着重就商业银行资产管理业务中的投资银行业务、金融市场业务及托管资产业务作简要介绍。

一、投资银行业务

（一）投资银行概念、组织形式和业务内涵

要了解投资银行业务，必须先知道什么是投资银行。投资银行是指主营业务为投资银行业务的金融机构，它是与商业银行相对应的一类金融机构，主要从事证券发行、承销、交易、企业重组、兼并与收购、投资分析、风险投资、项目融资等业务的非银行金融机构，是资本市场上的主要金融中介。

投资银行这个称谓，是美国人和欧洲大陆人的说法，英国人则称为商人银行，日本人则称为证券公司。从投资银行的组织形式来看，主要有四种：（1）独立型的专业性投资银行，这种类型的机构比较多，遍布世界各地，他们有各自擅长的业务方向，比如美国的高盛、摩根士丹利等；（2）商业银行拥有的投资银行，主要是通过兼并收购其他投资银行，参股或建立附属公司，从事投资银行业务，这种形式在英国、德国等比较典型，比如汇丰集团、瑞银集团等；（3）全能型银行直接经营投资银行业务，这种形式主要是在欧洲多，商业银行在从事投资银行业务的同时，也从事商业银行的业务，比如德意志银行等；（4）一些大型跨国公司共办财务公司，从事投资银行业务。在我国，投资银行的主要代表有：中国国际金融有限公司、中信证券等。

投资银行的类型简式图示见图4-1。

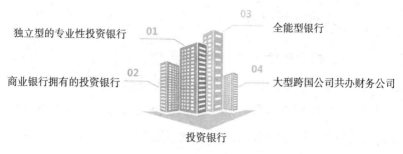

独立型的专业性投资银行　01
商业银行拥有的投资银行　02
03　全能型银行
04　大型跨国公司共办财务公司
投资银行

图4-1　投资银行类型简示

这样，投资银行业务概念就不难理解。它是指商业银行开办包括但不限于非金融企业债券融资工具承销、财务顾问、理财产品（含标准类、非标准类和其他类）和资产证券化在内的金融业务。其业务范围包括代客资产管理、非信贷类业务和其他投资银行业务。开办投资银行业务，顺应了国际国内直接融资的快速发展，有利于改善商业银行表内外资产比例和调整资产负债结构，对推动传统经营模式向大资产、大负债模式转变，打造"信贷+资管"双轮驱动的盈利机制意义重大、前景广阔。

（二）投资银行业务分类

按照客户需求和业务属性，投资银行业务主要分为五类，如图4-2所示。

第一类：资产端业务。包括资产收益权业务产品、并购融资业务、PPP模式融资业务、供应链综合金融服务业务、土地承包经营权流转融资业务、基金类产品业务、股权（收益权）投资类业务、股票质押式回购融资类业务、资本市场资产收益权业务、量化投资业务、QDII和QFII与RQDII和RQFII业务等。

第二类：负债端业务。主要有：保本产品业务；开放式产品业务，包括预期收益型产品和净值型产品等；固定期限产品业务，包括挂钩商品期货/股指类产品、汇率类产品、利率类产品、结构化产品、对公组合型产品、对公基本结算户产品、定制化对公产品、战略客户产品、对公对私组合产品、对公补充养老产品、境外代客产品、外币资产组合型产品、境外人民币投资与境内市场产品、海外并购基金业务等。

第三类：财务顾问类业务。包括常年财务顾问、新型财务顾问；境外财务顾问、境内财务顾问；标准化资产财务顾问、非标准化财务顾问等。

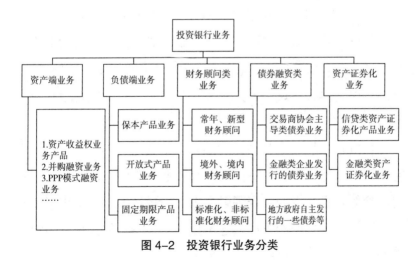

图4-2　投资银行业务分类

第四类：债券融资类业务。包括交易商协会主导类债券业务，含中期票据、短期和超短期融资券、并购债、可转债票据、项目收益票据、资产支付票据、非公开定向债务融资工具等；金融类企业发行的债券业务，含金融债、证券公司短债、次级债、二级资本债等；地方政府自主发行的一些债券等。

第五类：资产证券化业务。包括信贷类资产证券化产品业务、金融类资产证券化业务等。

（三）投资银行业务重点产品

1. 资本市场理财产品

资本市场理财产品是指投资于股票市场、基金市场、衍生工具市场等的业务类型，主要通过专业的投资公司运作管理，包括通过一些基金公司、理财公司、信托公司等，以期实现保值增值（见图4-3）。

资本市场理财产品种类很多，大致可分为资本市场类资产收益权、股票质押式回购融资、私募股权投资、新股申购、股票增发、股票基金精选投资等产品。每个产品运用的经营思路、盈利模式、投资工具等都不一样，实现的收益也有很大差异。

从资本市场理财产品的功能来看，通过对不同资本市场交易工具的选择，设计出不同风险和收益的理财产品，满足了不同风险偏好投资者的投资理财需求。股票增发、资本市场收益权、股票质押式回购等产品还可用于满足参与股票增发对象、证券公司、上市公司股东的融资需求。

从这种产品的适用对象看，包括了大中型融资类客户、机构客户、高资产净值客户、私人财富客户等符合监管要求的投资类客户。

图4-3　资本市场理财产品

2.债券融资工具

债券融资工具是指具有法人资格的非金融企业，在银行间债券市场发行的，并约定在一定期限内还本付息的有价证券（见图4-4）。

债券融资工具按照发行方式可分为公开发行和非公开发行两大类。公开发行的产品，也称为公募债券产品，包括如下几种类型：中期票据、短期融资券、项目收益票据、金融债券、地方政府债和永续票据等。非公开发行的产品，也称为私募债券产品，种类也很多，包括非公开定向债券融资工具和资产支持票据。资产支持票据是非金融企业在银行间债券市场发行的，它又包括永续票据、并购债、中小企业集合票据等，可以由发行人自主选择公募和私募发行方式。

从债券融资工具产品的功能看，它可以帮助企业降低融资成本，拓宽融资渠道，补充企业流动资金和项目资金，改善企业债务结构，提升企业形象等。

从债券融资工具适用的群体看，主要是在我国境内依法设立的银行间市场交易商协会认可的非金融企业法人。

图4-4 债券融资工具

3. 信贷资产证券化产品

信贷资产证券化产品是指将缺乏流动性但其未来现金流可预测的信贷资产集合、建池，以资产池内信贷资产所产生的现金流作为偿付基础，通过风险隔离、信用增级和资产重组等技术处理，在资本市场上发行资产支持证券的结构融资过程（见图4-5）。

信贷资产证券化，是国际投资银行业务的成功尝试。它是以一种特定信贷资产而非融资者本身信用支持的融资模式，其主要特点是真实出售和破产隔离，实现发起机构和证券化信贷资产的风险隔离，在发起机构破产时，证券化资产不参加破产清算。

信贷资产证券化从功能上看，对发起机构可以优化资产结构，改善负债情况，降低融资成本，实现表外融资；对投资者来说，可以提供多样化投资产品。这个产品从适用对象看，凡属银行类和非银行类金融机构，只要在监管机构的监管范围内，均可使用。

图4-5　信贷资产证券化产品

4.股权类理财产品

股权类理财产品是指商业银行向符合监管规定的投资者发行，将所募资金直接或间接投资于企业股权（收益权）的理财产品，产品到期通过第三方受让、原股东回购等方式实现投资退出的理财产品（见图4-6）。

从股权类理财产品的功能看，如果是以股权为投资标的的股权类产品，它可以优化企业财务报表，降低资产负债率，实现项目资金撬动后期融资；如果是股权收益权为投资标的的股权类产品，可以在不转让股权所有权的前提下，盘活企业股东的存量股权资产。

从股权类理财产品的适用对象看，它主要包括大中型融资类客户、机构客户、高资产净值客户、私人银行客户等符合监管规定的投资类客户。

图4-6　股权类理财产品

5. 产业投资基金类产品

产业投资基金类产品是指商业银行从投资银行和资产管理多个角度出发，担任基金的发起人和投资人的双重身份，为政府、国企、上市公司等客户搭建产业基金平台并提供基金所涉及的全流程服务，包括发起设立、方案设计、资金募集、投资管理运作、基金清算等。同时，商业银行理财产品通过资管计划投资于基金份额，相应收取基金顾问费，获取产品投资收益的业务见图4-7。

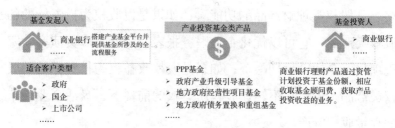

图4-7　产业投资基金类产品

从产业投资基金类产品的功能看，主要是搭建各渠道的社会资金和项目直接对接的业务平台，整合银行理财资金、保险资金、社保养老金、其他金融机构以及政府财政资金等各渠道资金，满足客户批量化和市场化的股权、债权、项目融资等各类融资需求。

从产业投资基金类产品适用对象看，主要是以下几类模式的基金：PPP基金、政府产业升级引导基金、地方政府经营性项目基金、地方政府债务置换和重组基金、国企混改类基金、与上市公司合作的并购重组类基金等。

（四）投资银行业务主要风险辨析

投资银行业务由于工具复杂，市场难以把握，风险相对较大。同时，不同业务，风险是大不相同。

从资本市场理财产品看，风险点主要在于：对市场走势等判断有误、获取信息不全或投资工具使用不当形成的投资运作风险；受国内外经济、政治因素及上市公司基本面状况影响的市场波动风险等。

从债券融资工具看，风险点主要在于：尽职调查不充分导致投资人与发行人之间的信息不对称而形成的产品成本风险和声誉风险；信息披露不完备形成的监管风险和声誉风险；因经济环境变化、企业经营管理不善等原因导致债券融资工具本息难以按期足额偿付风险等。

从股权类理财产品看，风险点主要在于：企业未按约定用途使用理财资金、或投向国家政策禁止的行业和领域的资金挪用风险；同时也会出现产品到期时股权（收益权）受让方不能按时足额支付受让价款的资金损失或信用风险。

从信贷资产证券化产品看，风险点主要在于：由于市场发生巨大变化而出现的利率风险、汇率风险和流动性风险。

二、金融市场业务

（一）金融市场业务概念和内涵

金融市场业务，是指商业银行在资本市场、货币市场、商品市场、外汇市场、衍生品市场等从事的交易及投资类业务（见图4-8）。

资本市场是指融通长期资金的市场，包括中长期信贷市场和证券市场等；货币市场是指金融机构进行短期资金融通与交易的市场，融资期限通常在一年以内；商品市场是指集中进行大宗商品买卖的交易场所；外汇市场是指经营外币和以外币计价的票据等有价证券买卖的市场；衍生品市场是指以货币、债券、股票、外汇以及这些产品相关指数为基础，以杠杆或信用交易为特征的金融产品交易的市场。

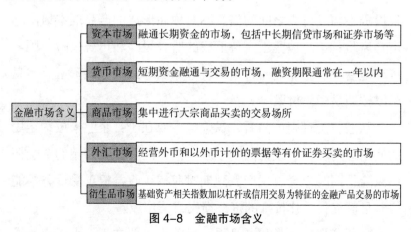

图 4-8　金融市场含义

金融市场业务主要分为投资交易业务和代客做市业务两大类。投资交易业务包括债券投资和货币市场业务，主要通过管理配置组合资产，实现投资组合与资产负债结构的协调配置，提高组合经营效益，做好流动性管理。代客做市业务包括利率、汇率、贵金属、债券交易及其衍生品交易等业务，主要通过为客户提供金融市场产品和服务，帮助客户规避市场风险和提高收益，获取中间业务收入。具体见图4-9。

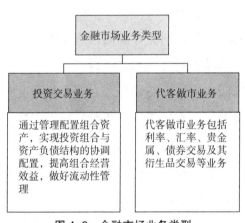

图4-9 金融市场业务类型

金融市场业务具有成本低、效率高、利润可持续增长的优势，大力发展大有可为。

（二）金融市场业务重点产品

根据金融市场业务模式和所处市场的不同，可将其业务产品分为以下几种类型。

第一类，货币市场类。其产品主要有：信用拆借、债券回购、同业存单及跨境人民币账户融资。

第二类，债券交易类。其产品主要有：记账式国债、政策性金融债、短期融资券、央行票据、企业中期票据、同业存单等产品的交易。

第三类，债券销售类。其产品主要有金融企业债券销售和银行自发债券销售、非金融企业债务融资工具销售等。

第四类，债券投资类。其产品主要有信用类债券投资、利率类债券投资和承销、央行公开市场操作中的央行票据和公开市场现券买卖、本币同业存单的投资和银行本外币同业存单发行、本外币债券买断式回购、银行总部本外币债券投资组合管理、有关套保衍生产品交易等。在债券投资交易方式上，既有一级市场投资，也有二级市场买卖；既有人民币的投资和交易，也有外币的投资交易。

第五类，代客汇率交易类。其产品主要有即期交易、远期交易、期权交易、掉期交易等。

第六类，代客利率交易类。其产品主要有代客资金管理、债券结算代理、代客汇率风险管理、代客债券风险管理等。

第七类，贵金属和大宗商品类。其产品主要有代客贵金属及大宗商品衍生类、贵金属租借类、代理贵金属交易等。

上述七大类业务，每类业务的每个产品，它们发挥的功能作用和适用对象都有所不同。比如，信用类债券投资产品，它主要以直接投融资方式为债券发行人提供融资支持，适用的客户对象主要是发行人和债券市场交易对象。远期结售汇产品，它主要提供了规避外汇风险、锁定汇率成本的功能，其适用的对象是具有远期结售汇业务的公司机构客户。因篇幅有限，这里不再赘述。

（三）金融市场业务主要风险辨析

金融市场业务中的每个产品，都有一定的政策风险、信用风险、国别风险、操作风险，甚至形成系统性风险，比如：

从利率掉期看，风险点主要在于：由于市场原因形成的基差风险、价差风险和匹配不完全的风险；办理普通利率掉期业务中，向客户充分揭示风险不足的合规风险和操作风险；由于客户经营情况恶化、重估损失、不真实需求等情况导致的客户违约风险；在客户办理利率掉期时可能出现相关法律条款未明确或未执行导致潜在损失形成法律风险。

从远期结售汇看，风险点主要在于：交易要素录入错误、报价错误、交易担保落实错误、重估损失计算错误、台账登记错误而形成的操作风险；由于市场价格波动而形成交易风险敞口的市场风险；还有，由于经营情况恶化、不真实需求、重估损失等情况形成客户违约而出现信用风险等。

从信用类债券投资看，风险点主要在于：由于市场利率变动的不确定性造成债券投资收益及市值波动的风险；特别在整个业务投资交易流程中，任何一个环节的操作失误都可能导致银行亏损；信用类债券投资需按投资金额100%占用发行人自营性债券投资额度，若剩余可用的自营性债券投资额度不足以覆盖债券投资金额，则会出现超授信风险。

从贵金属租借看，风险点主要在于：贵金属一旦租出，市场风险较大，如由于价格大幅下跌，会面临成本亏损；如贵金属租借客户不能履约，会形成信用风险；如交易要素录入、报价失误等，会形成操作风险。

三、托管资产业务

（一）托管资产业务概念和内涵

托管资产业务，简称托管业务，即托管人基于法律规定和合同约定，对托管的资产提供包括妥善保管、资金清算、会计核算、投资监督、信息披露等内容在内的安全性和专业化服务。

托管业务的实质，应当说是一项制度安排。通过引入独立的第三方机构（托管人），实现投资资产和投资操作的分离、交易和资金结算的分离，目的就是防止资产被挪用等损害投资人利益的情况发生，规避投资人与管理人之间的信息不对称问题，确保客户投资资产的安全。开展托管业务，可以带来资金沉淀，拓宽收入来源，增强客户黏性，有效地促进商业银行的结算、结售汇和产品销售等多元化业务的健康发展，为商业银行的收入开辟新的增长点。

托管业务，一般参与的单位有：投资人、管理人和托管人。投资人是资产的实际投资人，享有资产的收益权、知情权等权利；管理人是资产的实际管理者，负责资产的投资管理和运用；托管人是独立于投资人和管理人外的第三方机构，在我国主要为商业银行。目前，以托管人安全保管为核心，以增值服务和外包服务为收入增长点，以开拓创新为动力的经营管理思路和业务模式已经形成。

（二）托管资产业务种类划分

随着金融体制改革和商业银行的上市，特别是金融市场业务的孕育成熟，托管业务范围不断扩大，品种不断创新，规模不断增长，内涵和外延不断深化。目前，托管业务从证券类投资到实业类投资，从境内投资到境外投资，从公募产品到私募产品，已初步形成各类投资产品的全覆盖。

根据托管业务的种类划分，包括证券投资基金托管、特定客户资产托管、保险资产托管、信托财产保管、银行理财产品托管、股权投资基金托管、基金子公司专项资产管理计划托管、证券公司受托管理资产托管、QFII和QDII资产托管、养老金产品托管等产品服务。

根据托管资金的投资区域划分，既有境内市场投资托管，也有境外投资市场托管；既有行业外的资产托管，也有行业内的资产托管。

根据托管业务的投资领域划分，既有证券投资托管，也有实业投资托管。证券投资托管是指对投资管理人投资于股票、债券、期货等证券领域的产品进行托管；实业投资托管是指对投资管理人投资于股权、债权、收益权等实业领域的产品进行托管。

（三）托管资产业务重点产品

1. 证券投资基金托管

证券投资基金托管是指基金托管人与基金管理人共同履行

受托职责，行使法律法规和基金合同赋予的职责，维护基金份额持有人的利益，独立开设基金财产账户，保管基金财产，依据基金管理人指令进行清算、交割和会计核算估值，依法履行信息披露义务，在法律法规和基金合同规定范围内对基金业务运作进行监督，并取得托管费收入（见图4-10）。该产品的主要功能是实现投资管理职能与保管职能分离，防止基金财产被挪用，保护基金投资者利益。该产品的适用对象为依法募集发行的证券投资基金。

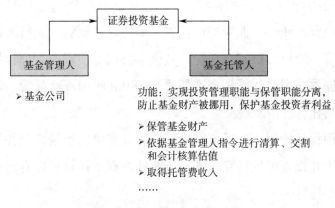

图4-10　证券投资基金托管

2. 银行理财产品托管

银行理财产品托管是指托管人接受发行机构委托，按照产品操作规程和托管合同约定，提供保管银行理财产品托管账户中的现金资产，监督管理人的投资运作，办理产品的会计核算、资产估值和资金清算，定期提供托管报告等服务，并按照约定收取托管费的业务（见图4-11）。该产品的主要功能是监督银行理财产品发行机构按照产品说明书及合同的约定运作，满足个人和法人客户对商业银行投资产品的需求。该产品适用对象为取得发行该产品资格的各个商业银行。

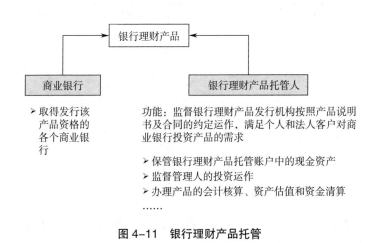

图4-11　银行理财产品托管

3. 信托财产保管

信托财产保管是指托管人接受信托公司的委托，按照国家有关规定和信托财产保管合同的约定，为信托公司管理运作的各类集合资金信托计划和单一信托计划提供资金保管、会计核算、资产估值、资金清算、投资监督和信息报告等服务，并按约定收取托管费的业务（见图4-12）。该产品的功能是，用于信托财产的第三方独立监管。该产品的适用对象为：在银保监会正式注册登记的信托公司。

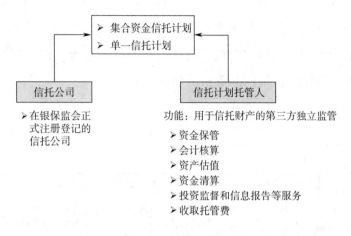

图 4-12　信托财产保管

4. 基金子公司专项资产管理计划托管

基金子公司专项资产管理计划托管是指托管人接受基金子公司的委托，按照国家有关规定和专项资产管理合同约定，为基金子公司管理运作的各类专项资产管理计划提供资金保管、会计核算、资产估值、资金清算、投资监督、信息报告等服务，并按约定收取托管费的业务（见图4-13）。该产品的主要功能是实现委托资产管理职能与保管职能的分离，防止委托财产被挪用，保护资产委托人利益。该产品的适用对象为获得证监会批准的基金公司子公司。

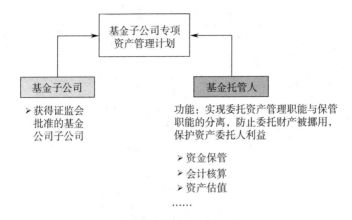

图4-13 基金子公司专项资产管理计划托管

5. 保险资产托管

它是指托管人接受保险公司或保险资产管理公司委托，按照托管合同约定，保管保险资产，监督有关各方的投资运作，办理保险资金的会计核算、资产估值、交易结算和资金交割，定期提供托管报告等服务，并按约定收取托管费（见图4-14）。该产品的主要功能是：提供保管受托资产，代理开立投资托管账户，监督资产管理人的投资运作，对受托资产进行会计核算、估值，办理受托资产的清算，定期出具托管报告等基础服务。该产品的适用对象为经银保监会批准的各类保险公司。

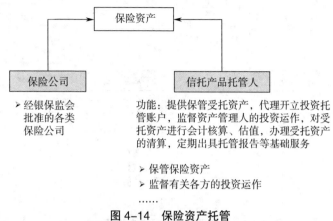

图 4-14 保险资产托管

6. 股权投资基金保管

股权投资基金保管是指托管人按照国家有关规定以及与客户签署的合同约定，为股权投资基金提供现金资产保管、基金运作监督、资金清算、信息报告等基本服务及非现金资产保管、会计核算、资产估值等增值服务，并按照约定收取托管费的业务（见图4-15）。该产品功能是，主要用于股权投资基金的第三方独立监管。该产品适用对象是，以非公开方式向特定对象募集设立的、主要对非上市企业进行股权投资的基金。

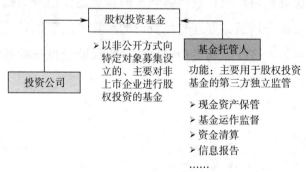

图 4-15 股权投资基金保管

（四）托管业务主要风险辨析

托管业务，是商业银行一项专业性很强的业务，也是一项风险规避政策交互严密的组合机制。主要通过托管人的介入，使其所有权、使用权与保管权分离，从而形成相互制约关系，防止托管资产挪作他用，有效保障资产安全。该项业务面临的主要风险，大致有三：一是合同风险，主要表现在：如果在合同中未明确约定各方权利义务、托管内容、处理流程、违约责任、免责条款和托管比例等要素，一旦出现问题，都面临扯皮；二是合规风险，主要表现在：托管人因为各种自身原因违反有关规定而遭受的经济或声誉损失；三是操作风险，主要表现在由于托管业务信息交互量巨大，各类系统运营复杂、精细，日常工作中容易发生操作失误。

第五单元

商业银行战略性业务

商业银行的战略性业务，是对商业银行业务发展起基础性、突破性、关键性、竞争性和巨大潜力性的核心目标或客户业务。抓好战略性业务，意义重大，势在必行。

一、小微企业业务

（一）小微企业客户类型和范围

小微企业业务，主要是针对实体经济中的小型、微型企业客户，客户选择"以小为主，以微为主"，通过采用标准化、专业化、集约化的业务操作流程和多样化的产品和服务方案设计，依托小微企业业务经营体系，为处于不同生命周期、不同发展阶段的小微企业客户提供包括贷款、结算、理财等在内的综合金融服务。小微企业业务是商业银行服务主体经济、应对利率市场化改革、培养并输送优质大中型客户的重要抓手，也是响应中央、国务院关于支持实体经济的战略性业务，发展潜力特别巨大。

小微企业客户的范围，原来定义比较单一，主要以企业规模来定，当时口径也比较乱。从2011年开始，国家四部委包括工信部、国家统计局、国家发展改革委、财政部联合发文，明确了《中小企业划型标准规定》（工信部联企业〔2011〕300号），提出了中小企业规模的认定是从企业的从业人员、营业收入、资产总额和行业等方面确定，外部监管部门对商业银行的监管也采用了四部委的口径。

2011 年印发的新四部委口径标准

单位：万元，人

	行业	标准	中	小	微
1	农、林、牧、渔业	营业收入	20000~500	50~500	0~50
2	工业	从业人员	1000~300	20~300	0~20
		营业收入	40000~2000	300~2000	0~300

续表

	行业	标准	中	小	微
3	建筑业	营业收入	80000~6000	300~6000	0~300
		资产总额	80000~5000	300~5000	0~300
4	批发业	从业人员	200~20	10~20	0~5
		营业收入	40000~5000	1000~5000	0~1000
5	零售业	从业人员	300~50	10~50	0~10
		营业收入	20000~500	100~500	0~100
6	交通运输业	营业收入	30000~3000	200~3000	0~200
		从业人员	1000~300	20~300	0~20
7	仓储业	从业人员	200~100	20~100	0~20
		营业收入	30000~1000	100~1000	0~100
8	邮政业	从业人员	1000~300	20~300	0~20
		营业收入	30000~2000	100~2000	0~100
9	住宿业	从业人员	300~100	10~100	0~10
		营业收入	10000~2000	100~2000	0~100
10	餐饮业	从业人员	300~100	10~100	0~10
		营业收入	10000~2000	100~2000	0~100
11	信息传输业	从业人员	2000~100	10~100	0~10
		营业收入	100000~1000	100~1000	0~100
12	软件和信息技术服务业	从业人员	300~100	10~100	0~10
		营业收入	10000~1000	50~1000	0~50
13	房地产开发经营	营业收入	200000~1000	100~1000	0~100
		资产总额	10000~5000	2000~5000	0~2000
14	物业管理	从业人员	1000~300	100~3000	0~100
		营业收入	5000~1000	500~1000	0~500
15	租赁和商务服务业	从业人员	300~100	10~100	0~10
		资产总额	120000~8000	100~8000	0~100
16	其他未列明行业	从业人员	300~100	10~100	0~10

注：判定中型及小型企业规模时必须同时满足所在行业所有条件，其余为微型企业。

2017年，根据国务院的部署，为支持金融机构发展普惠金融业务，缓解小微企业融资难、融资贵问题，提高金融服务覆盖率和可得性，为实体经济提供有力支持，央行决定将当前对小微企业和"三农"领域实施的定向降准政策，拓展和优化为统一对普惠金融领域贷款达到一定标准的金融机构实施定向降准政策。同时，银监会也对普惠金融贷款口径进行了调整：即单户授信1 000万元以下的普惠型小微企业法人贷款、普惠型其他组织贷款、普惠型个体工商户和小微企业主贷款、普惠型其他个人经营性贷款、单户授信500万元以下的普惠型农户经营性贷款。此后，各家商业银行根据自身经营管理需要，在四部委口径和央行降准、银监会口径基础上，从授信金额和行业等方面，也都确定了小微企业和普惠金融信贷客户的范围。

（二）小微企业业务主要特点

第一，额度小、名目多、分布广泛。大部分银行目前对小微企业按普惠金融领域客户标准掌握，其贷款项目和范围包括单户授信小于500万元的小型和微型企业贷款、个体工商户经营性贷款、小微企业主经营性贷款、农户生产经营性贷款、创业担保贷款、建档立卡贫困人口消费贷款和助学贷款等。初步统计，小微企业含普惠金融领域贷款项目户数约占各类企业总量的90%以上；经营范围几乎涉及所有的竞争性行业和领域。

第二，经营活、成长快、创新力强。小微企业经营，不同于大中型企业，主动灵活和善于创新，是它的显著特色。同时，小微企业成长很快，是商业银行优质大中型客户的重要来源。

第三，账户多、关联大、区域特征明显。小微企业，一般来说，经营不太规范，既开立单位账户结算，也开立企业主个人账户结算；既有各股东账户，也有父子亲友账户，企业和企业主的关联度很高。小微企业的经营行为、盈利模式、业务规模、发展速度、行业特点和融资需求等，具有明显的区域差异，其生存发展与区域经济发展环境密切相关。

第四，规模小、抗险弱、抱团发展。一般来说规模不大，一遇到市场波动和政策冲击，很容易出现投资和融资风险，所以一般小微企业都"抱团避险"。小微企业客户群主要包括"一圈一链一平台"，即专业市场、商业街、商场、产业园区、行业商会等客户群；为核心企业提供产品和服务的产业链上下游小微企业客户群；以及政府、担保公司、保险公司和网络平台等提供增信的客户群。

（三）小微企业经营模式

按照小微企业"小额化、标准化、综合化、集约化、网络化、智能化"的六化转型发展方向，许多商业银行结合本行、本地区实际，构建了以"信贷工厂"为中后台作业中心，包括二级分支行、网点、客户经理、电子渠道在内的集约化经营体系。所谓"信贷工厂"，就是采用专业化分工、标准化操作、流水线作业的模式（见图5-1）。这种模式，能很好地处理小微企业客户的评价授信、信贷审批、抵（质）押管理、合同签订、贷款发放、早期预警、档案管理等业务一站式集中服务，很受小微企业客户的欢迎。

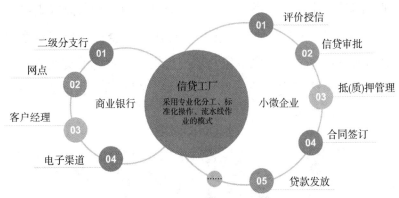

图5-1　小微企业经营模式

（四）小微企业重点业务产品

目前，各家商业银行为小微企业提供的产品种类很多，也很有特色。

从建设银行看主要有：一是"成长之路"系列产品。它是根据小微企业客户信用等级提供授信额度，并通过"信贷工厂"模式或流程，给予企业成长全过程的支持，系列产品包括固定资产购置贷款、额度抵押贷款、保贷通、商管贷、租贷通、诚贷通、小额度抵押贷款等。二是"速贷通"产品。它是提供给符合要求的特定抵押、特定质押物、特定保证人、第一还款来源明确的小微企业客户。在办理程序上，无须额度授信，快捷、便利。三是"助保贷"产品。这是建设银行与各地政府、企业合作创立的一个特色产品。在企业提供担保的基础上，由企业缴纳一定比例的助保金，并和政府提供的风险补偿基金共同组建"风险补偿资金池",很受小微企业客户的欢迎。四是"小额贷"系列产品。主要针对单户授信总额人民币500万元及以下的小微企业客户,运用小微企业评分卡对客户的债项进行评估,比照零售贷款进行资本计量的信贷业务。主要产品有:信用贷、善融贷、税易贷、创业贷、POS贷、结算透等"五贷一透"产品。可参见图5-2。

图5-2　建设银行相关产品

从工商银行看,社会口碑较好的是"网贷通"产品。它是指工商银行与小微企业客户,一次性签订循环借款合同,在合同规定的额度和有效期内,客户通过网上银行自主进行借款和还款的贷款业务。客户申请办理该产品,须提供变现能力强的个人金融资产作为抵(质)押物。合同可签两年,最高可贷3 000万元。服务效率高,操作方便。

从农业银行看,较具特色的小微企业产品是"简式贷"。该产品是指在单户信用总额内,落实全额抵质押物和保证担保,为小微企业客户直接授信和办理各类贷款、贸易融资、票据承兑、贴现、保函、信用证等表内外融资业务,以满足小微企业客户周转性、临时性、季节性流动资金需要。具有手续简便、放款快捷的特点。

（五）发展小微企业业务面临的主要困难和问题

1. 经营环境不佳

比如从目前的一些行业看，包括工具行业、汽车装饰行业、制鞋行业、眼镜行业、造纸行业、养殖行业等，企业销售举步维艰，形势不容乐观，而且由于原材料价格上涨，用工成本等生产、生活费用不断提高，企业盈利极其困难，许多小微企业出现了订单减少、贷款难收、应收账款增加等现象。尽管国家非常重视小微企业或普惠金融的发展，但减免税政策、扶优限劣政策等不配套、不到位，经营环境难以有大的改观，所以小微企业的发展就捉襟见肘。

2. 抵（质）押物和担保缺乏有效依据

许多小微企业自身缺乏有效的资产抵押，生产经营用的厂房不是自有的，有的是租借来的。有的虽然是自己购买的土地、厂房、设备等，但相当多的是没有办理或无法办理房产证、土地证，因此也无法办理贷款抵押手续。同时，还有些好的小微企业，即使能通过担保公司取得担保，但担保公司要按贷款额收取一定比例的担保费、缴纳担保金，有的还要办理财产保险和借款人意外事故残疾险等，这样无形之中就大大抬高了融资成本，小微企业也就不愿意再到银行贷款了。

3. 经营不规范，财务不健全

许多小微企业以家族式经营为主，公司治理结构不健全，主要从事传统行业，经营产品技术含量不高，抗风险能力较弱；还有一些小微企业在环保、安全、卫生等方面检查不达标，一遇检查就停业整顿，生产连续性不强。更有甚者，财务管理制度不健全，会计多数是兼职或临时雇用，业务素质低下，财务管理不规范，经营者只重视税收和利润，不重视财务报表，贷款回笼和贷款支付通过多个个人账户频繁进出，而且个人账户之间还能随意转入转出，银行难以通过报表把控其合理性。个别小微企业甚至还报两套报表、两套账应对银行、税务、工商等监管部门的监督检查。信息不对称致使商业银行不敢轻易与其发生信贷行为或金融服务。

4.责任追究力度大

目前，许多商业银行对小微企业"惜贷""慎贷""惧贷"。因为商业银行对员工的考核，采取定性定量相结合、目标任务及质量配套相结合，不仅把指标落实到各分支机构的有关部门，而且要落实到岗位和人头。特别是贷款业务，一旦出现风险和不良，都要进行层层追究。小微企业由于不落实、不规范、不配套及效益不好的又居多，所以一般与其打交道，特别是给予贷款会非常慎重。

二、网络金融业务

（一）网络金融业务概述

网络金融业务，也称电子银行业务，是商业银行从20世纪90年代新开发的一种方便、快捷、自动能力强的电子化业务，主要通过面向社会公众开放通信通道或开放型公众网络，以及商业银行为特定自助服务设施或客户建立的专用网络等方式，向客户提供金融服务。经过二十多年的不断开拓扩展，目前网络金融业务的工具和渠道越来越多，服务领域越来越宽，客户群体越来越大，金融产品越来越丰富，安全系数也越来越高，在国民经济和人民生活工作中的地位和作用也越来越突出，已经成为我国普通百姓和各行各业必备的、也是首选的金融产品。

网络金融业务，按服务渠道划分，包括网上银行、手机银行、自助银行、客户服务中心、微信银行、短信、PAD银行（用便携式设备操作，具有一卡通和信用卡功能）等服务；按服务内容划分，既包括电子渠道，也包括基于电子渠道和电子商务特色创新的业务；按服务方式划分，可分为浏览器、客户端和银企直联服务。

（二）网络金融业务主要渠道功能和作用

第一，自助渠道。它是社会发展过程中将电子技术与银行业务完美结合的一项成果。信息技术的创新，推动着银行自助服务渠道的服务不断走向智能化和人性化。界面友好、使用方便的自助银行、自助设备，不但为广大客户提供了一种便捷的自助式服务手段，减轻了银行的柜台压力，而且降低了银行的运营成本，提高了服务的灵活性，也提升了银行的整体形象。

自助渠道的服务设备包括三个方面：一是自动柜员机（Automatic Teller Machine，ATM）。自动柜员机是指自动提款机、自动存取款机、自动存款机。它的主要功能是能为客户提供存款、取款、查询、转账、汇款、更改密码等服务。二是自助终端。是商业银行为了满足客户自助办理转账、缴费、查询等交易的需要，通过友好的人机交互界面，可用银行卡、存折以触摸或键盘输入等方式实现各种代缴费、余额查询、密码修改、利率查询、存折补登、发票打印、对账单打印等个人自助业务，但不能存取现。三是自助银行。它是商业银行固定的营业场所，集先进的电子化自助设备与呼叫中心服务于一体，为客户提供24小时金融服务的网点。自助银行一般配有自动取款机、自动存款机和自动存取款机，一些自助银行还配有自助终端、外币兑换机、夜间金库等专用电子设备和呼叫中心客户服务电话。

第二，客户服务中心（Customer Care Center）。通常也称呼叫中心（Call Center），是集计算机、电信、网络、数据库、互联网等技术于一体、具备多种接入方式的多功能数字信息处理系统，商业银行通过电话、传真、手机、互联网、电子邮件等方式与客户取得联系，进而为其提供储蓄、对公、信用卡的账户查询、挂失、对账、咨询、投诉等业务，也可以提供个人账户间的转账服务。客户足不出屋，就可以用手机、固定电话和互联网等解决问题。目前，客户服务中心已经成为各商业银行与客户打交道的重要窗口之一。

第三，网上银行。它是指采用互联网（Internet）数字通信技术为基础的交易平台和服务渠道，为客户提供综合、统

一、安全、实时的各种零售与批发的全方位金融业务服务。在线时能为客户提供办理存款、取款、汇款、结算、信贷等服务，还可为客户提供跨国的支付与结算等其他贸易、外贸服务。

从业务品种细分的角度看，网上银行一般包括以下几个方面的功能：一是公共信息发布的功能，也就是银行利用这个载体向客户发布一些有价值的金融信息，包括网点分布、利率汇率牌价、产品种类、政策法规、国际国内一些重要关联新闻；二是客户咨询投诉功能，一般以电子邮件、BBS（Bulletin Board System的缩写，即电子布告栏）为主要手段，向客户提供业务疑难咨询和投诉服务等；三是账户管理功能，包括企业客户和个人客户开立的各种账户，银行都要为其维护；四是支付结算功能，网上支付按双方客户性质分为B2B、B2C、C2C、C2B四种交易模式；五是账务的查询核对功能，包括企业和个人客户的账户状态、账户余额、交易明细单等；六是转账和支付中间业务，为客户提供办理转账结算、缴纳公共收费、发放工资、证券结算、基金购买、外汇买卖等，以及在B2C模式下的购物、订票、证券买卖等零售交易；七是表单服务和特殊申请，包括存款账户、信用卡账户、电子现金、空白支票申请、企业财务报表、各种贷款、信用证开证等申请、预约。

第四，手机银行。又称移动银行，是指利用移动电话办理银行有关业务的简称。手机银行作为一种结合了货币电子化与移动通信的崭新服务，不仅能使人们在任何时间、任何地点、处理多种金融业务，而且丰富了商业银行服务的内涵，使商业银行以便捷、高效、安全的方式为客户提供已有和创新的服务，大大推进了社会的进步。

手机银行发展很快，分类也很细。一是按照手机银行的业务功能不同，可以分为简单信息型和复杂交易型两大类。简单信息型主要是提供金融信息通知、账户信息查询等服务功能；复杂交易型主要提供在高安全技术保障下，客户能使用手机进行账户的资金交易，包括存款、转账、汇款等。二是按照手机银行所采用的技术方式不同，可分为短消息服务型和无线应用协议型。短消息服务型就是把手机与GSM短信中心和银行业务系统相连接为客户提供的金融信息服务；无线应用协议型就是执行包括WAP方式、K-JAVA方式和BREW方式等在内的技术协议。三是按照手机银行市场推广主体的不同，可分为银行的"手机银行"、移动运营商的"手机银行"和手机制造商的"手机银行"。银行的手机银行是以银行品牌推出为主，为客户提供新的服务渠道；移动运营商的手机银行，以移动通信运营商品牌推出为主，为手机客户提供新的服务产品；手机制造商的手机银行，一般是与商业银行联手，在新推出型号的手机芯片中，固化菜单中加入手机银行功能。手机银行的最大业务优势是携带方便、操作简捷、沟通灵活、客户交易成本低。可参见图5-3。

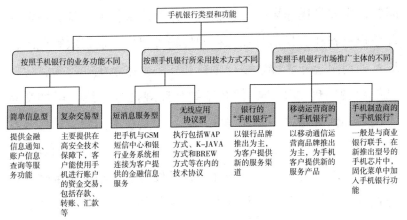

图5-3 手机银行的类型和功能

（三）网络金融业务主要风险辨析

1. 自助渠道风险点

自助渠道风险点主要来自三个方面：一是内部管理疏忽造成的风险，比如银行卡卡号的生成、新卡密码的产生或在发卡邮寄中有漏洞、没有将卡和密码分开处理等，容易出现内部人员作案，冒领他人银行卡。还有就是对过期卡、止付卡、其他假卡、非法卡等管理不善，易使银行内部人员钻空子冒用他人名义作案。二是持卡人自己管理不善，如遗失、被盗、账号和密码不慎泄密，造成不法分子冒用。三是外部不法分子有意破坏ATM，或伪造卡、盗用卡非法交易，或将ATM操作口贴条、破坏机器设备等暴力行为作案，使银行和客户都蒙受损失。

2. 网上银行风险点

网上银行风险点主要来自三个方面：一是系统的安全性

问题，主要是操作风险，包括对客户合法身份的确认，如何保证账户资料和交易信息在保存和传输过程中不被窃取和更改，以及如何阻止非法侵入银行主机和核心数据系统的行为，比如已经出现的虚假签约、代客签约、违规批量签约、虚增交易等问题如何规避，仍然是一大难题。二是技术问题，软件开发商、硬件提供商、系统集成商、通信运营商和银行如何紧密合作，制定网上统一标准，确保软件、硬件、通信的标准化，以方便客户。三是业务制约问题，也就是如何将系统、业务、服务、管理、信息"五整合"，形成有机一体，在此信息整合是核心。

3. 手机银行风险点

手机银行风险点主要集中在四个方面：一是手机私密性保管不当，就会给有机可乘的人钻空子作案。二是手机换号带来的风险，这就要求重新签约；同时，伪造身份、机器注册、垃圾注册会造成账号风险。三是诈骗转账，伪卡盗刷，造成交易欺诈风险。四是高危漏洞、病毒木马、二次打包造成的应用风险。

三、集团客户业务

集团客户业务，是商业银行重中之重的业务。原来与批发业务中的一般客户一样对待，20世纪90年代末期以来，特别是2005年一些大型商业银行上市后，针对集团客户个数少、体量大、效益好、贡献突出、经营复杂的特点，将集团客户作为战略性客户单独经营管理，并开展差异化金融服务。

（一）集团客户的概念、内涵和组织形式

1. 集团客户的概念

概括来讲，它是以资本或契约为纽带，以集团章程为共同行为规范的母公司、子公司、参股公司及其他成员企业或机构共同组成的具有一定规模的企业法人联合体。比如，国资委现管辖的98个央企客户都属于集团客户；各省、市也有不少重点客户，都属于这种类型。

2. 集团客户的内涵

目前，比较权威的解释是监管部门的规定。过去银监会在《商业银行集团客户授信业务风险管理指引》中指出，集团客户是指具有以下特征的商业银行的企事业法人授信对象：（1）在股权上或者经营决策上直接或间接控制其他企业法人或被其他企事业法人控制的；（2）共同被第三方企事业法人所控制的；（3）主要投资者个人、关键管理人员或与其近亲属共同直接控制或者间接控制的；（4）存在其他关联关系，可能不按公允价格原则转移资产和利润，商业银行认为应当视同集团客户进行授信管理的。从创新经营角度看，集团客户涉及大行业、大系统、大城市和高端客户。因为大行业是产业链、大系统是一条线、大城市是一大片、高端客户是大贡献。

3. 集团客户的主要形式

从集团成员联结方式看，主要有三种形式：一是契约式联结的企业集团；二是股权式的企业集团；三是家族式的企业集团。从形成的原因看，集团客户还可以分为行业转轨型、市场发展型、政府推动型三种。

（二）集团客户业务主要特点

从自身的经营管理及其与银行的业务合作来看，集团客户业务具有以下几个方面的特点。

1. 规模的巨大性

规模的巨大性。主要表现为资产规模巨大、收入贡献巨大、国内外影响力巨大。比如中国企业500强，特别是98个央企，无论是资产规模、营业收入等，在国民经济中的地位和作用都十分突出。

2. 管理的艰巨性

管理的艰巨性。主要表现在：一是在经营范围上点多面广，如铁路总公司、三大油、五大电力、三大电信运营商，经营范围遍布全球乃至海外，还有中信集团、光大集团、华润集团等控股集团，经营范围涵盖金融、房地产、工程机械、有色金属等多个行业；二是在财务管理上资金集中趋势明显，比如许多集团客户，都成立了财务公司，实行投融资统一管理，有利于财富管理和降低财务费用；三是在内部管理上，关联因素多，集团内部的联结纽带是各种经济利益，包括成本、契约、产品和技术等，联结关系的多样化，决定了集团内部组织的复杂性和投资关系的多层次性。

3. 经营的复杂性

经营的复杂性。主要表现在：金融需求多样化，层次不断加深，特别是高层次、高附加值的金融服务逐渐成为集团客户的重点。作为集团客户，善于审时度势，跟进市场。在银企合作中，充分发挥自身优势，特别在议价定价方面的意识和能力，取得市场竞争的主动。

4.风险的系统性

风险的系统性。主要表现在：这类客户关联关系庞杂隐蔽，关联交易频繁，一旦集团内某一关键成员出现经营问题，很可能导致集团整体的连锁反应，银行对此风险识别和控制的难度较大。同时，同一区域内或同一产业链上集团与集团之间交易、担保、投融资等发生风险事项，容易诱发区域或上下游的系统性风险。

5.收益的多元性

集团客户金融需求较为广泛，是银行长期稳定的重要利润来源之一。通过向集团客户提供综合金融服务，银行可获得全方位的业务发展机会和较为丰厚的综合收益。具体表现在：集团客户是带动全行业务发展的综合业务平台，是银行产品创新的重要推动者，也具有行业标杆示范效应和品牌效应。

（三）集团客户重点产品和服务

1.综合金融服务方案

随着直接融资的扩大和客户结构的变化，集团客户业务面临着激烈竞争，客户的综合金融服务需求层次高，营销难度大。一些管理水平高的重要战略客户甚至开发出模型，通过分析金融机构，用综合贡献度来统筹分配业务份额。面对新的形势、新的挑战，一些国有商业银行和股份制银行，锐意改革，不断创新，采取有针对性的产品组合和提高全方位的金融解决方案，满足客户需求。它们按照"以客户为中心，以市场为导向"的理念，重新规划和设计营销策略，来推动银行服务从传统的存、贷、汇为主，向融资、融智并重转变，向快速影响客户需求、提供综合服务的模式转变。

综合金融服务方案的主要内容：是根据客户的经营模式与风险特征，研究制定涵盖定价、产品、流程、授权等差别化管理政策在内的综合金融服务组合。这个方案突破了传统经营理念和模式，在制度、产品、技术等方面进行了全面革新，突出了综合服务能力、综合定价能力、价值创造能力及风险防范能力，实现了从单一客户、单一产品、单一层次经营，到集团客户及上下游多个子公司、多种产品、多个币种、多项业务综合覆盖的重要转变。

综合金融服务方案的建立，意义很大。因为它塑造了"一点营销、联动服务、综合解决"的重要载体，适合总分行级战略性客户、总分行级重点客户应用。这个方案的实施，有利于商业银行综合性、多功能、集约化经营的快速推进，有利于提升客户的含金量和贡献度，有利于响应中央关于加快国有企业和小微企业转型的方针和政策，有利于推动国民经济的快速发展。

2. 供应链金融产品

供应链金融产品，就是商业银行为满足核心企业的供应链管理增值服务需求，围绕核心企业资金流、物流、信息流，以真实交易为基础，参与企业现金流、物流的运作，为整个供应链提供量身定制的结构化、产品组合及增值服务的综合金融服务方案，包括定向保理、金银包、汽贸融等产品。一些商业银行还创新推出了在线供应链融资产品——网络银行"e贷款"系列产品，通过与核心企业电子商务平台对接，整合双方资源，实现交互"三流"信息，为供应链上下游客户提供全流程在线的融资服务，如图5-4所示。

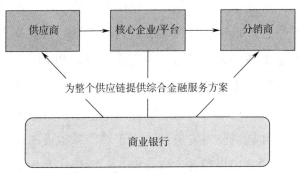

图 5-4　供应链综合金融服务方案

从供应链产品的功能看，它是从整个供应链管理的角度出发，根据链条关系和产业特点，将产品和服务有效配置到供应链上的各环节相关企业，提供综合化的金融服务方案，将供应链上所有相关企业作为一个整体服务对象，提供灵活运用金融产品和服务的一种创新解决方案，涵盖整个供应链从原材料供应到终端用户，包括对公和对私的消费者等各利益相关者。

从供应链产品适用的对象看，它主要适用于核心企业或平台与其上下游企业。所谓核心企业是指主营业务具有竞争优势和稳定的市场地位、行业或细分行业排名前列的大中型企业；

核心平台是指提供各类在线服务的成熟的、具有较强"三流"整合能力的电子商务平台和在线服务平台。

3. PPP系列产品

PPP（public-private partnership）是指政府和社会资本合作模式。它是在基础设施及公共服务领域建立的一种长期合作关系。通常模式是由社会资本承担设计、建设、运营、维护基础设施的大部分工作，并通过"使用者付费"及必要的"政府付费"获得合理投资回报；政府部门负责基础设施及公共服务价格和质量监督，以保证公共利益最大化。PPP项目主要包括以下几种模式产品：一是O&M模式贷款，即委托运营贷款；二是MC贷款，即管理合同模式，是商业银行向以MC模式运作的社会资本和项目公司发放的、用于城市基础设施和公共服务项目运营维护及用户服务、以政府支付的管理费为主要还款来源的贷款；三是BOT（建设—运营—移交）、BOO（建设—拥有—运营）贷款，是商业银行向这两种模式运作的承担新建项目设计、融资、建造、运营、维护和用户服务职责的社会资本或项目公司发放的项目建设贷款；四是TOT（转让—运营—移交）、ROT（改建—运营—移交）贷款，是指商业银行向这两种模式运作的社会资本和项目公司发放的，主要以其所拥有的城市基础设施和公共服务项目应收款等作为抵押物，以项目未来运营收入为主要还款来源的贷款。

PPP模式产品，适用的对象是，符合财政部规定的PPP模式要求的境内企业法人，包括社会资本和项目公司；适用的领域主要是城市基础设施和公共服务领域。

这六种模式的主要风险点在于：参与各方在行为规范、风险分担、利益分配、监督评价等方面的制度缺失风险，以及项目存续期间的市场风险和履约风险。

（四）集团客户业务的经营体系和机制

1. 经营方面

各家商业银行都实施了分级管理和差别化客户经营制度，出台了总行级的战略性客户、分行级的战略性客户管理办法和相关配套差别化政策。

2. 风险管理方面

许多商业银行制定了集团关系树管理、区域内集团客户识别及贷款"三查"等相关制度。

3. 授信方面

持续性优化集团客户授信模式，并在总行集团客户部层面成立授信专业团队，优化了授信审批方式和流程，提高授信效率。

4. 内部管理方面

实行客户经理团组制、首次接触责任制、综合金融服务方案会商机制等制度，有效提升了市场反应速度和联动服务能力，加快了由"部门银行"向"流程银行"的转变步伐。

5. 形成了服务客户的联动机制

该联动机制包括纵向的垂直客户服务体系，横向的协商联动机制，搭建了行之有效的银企交流会、项目团组会、旺季营销会等机动灵活的交流联络机制，实现了对客户的专业化、综合化、差异化和精细化服务。

四、养老金业务

（一）养老金业务概念及范围

养老金业务，是商业银行围绕我国补充养老保险制度，根据相关法规和合同约定，为企业年金等各类社会养老保障基金、企业福利基金和其他类似基金提供受托管理、账户管理、资金托管、代理服务、资产管理和咨询顾问等服务。

从养老金业务范围看，由于开办时间不长，各家商业银行所办内容有所区别，但基本相同的是以下几类业务：一是企业年金管理业务。主要是指企业及其职工在依法参加基本养老保险的基础上，自愿建立的补充服务养老保险制度。二是养老保障与员工持股计划管理业务。主要是针对企业各种以延期支付为特征的薪酬管理制度，商业银行提供持股计划咨询、账户信息管理、计划资金管理和资金保值增值等方面的服务。三是养老保险委托管理业务。就是把养老保险公司作为管理人，商业银行作为托管人，为政府机关、企业单位及其他社会组织等团体客户和个人客户提供养老保障及与之相关的资金管理服务。四是养老金咨询顾问业务。包括政策法规咨询、产品介绍、方案设计、合同文本设计、精算与管理设计、投资理财建议、协调监管等一揽子服务等。养老金业务范围具体如图5-5所示。

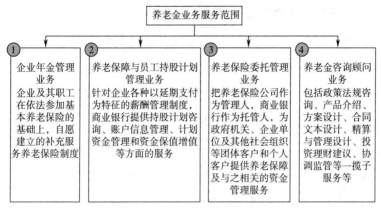

图 5-5　养老金业务服务范围

（二）养老金业务管理及资质要求

根据我国现行法律法规要求，建立企业年金的企业，不能由企业和职工自行管理，应当确立年金受托人来管理。其管理模式涉及的主体有委托人、受托人、受益人、账户管理人、托管人、投资管理人。按照规定，对其每一个管理人都有明确的资质要求。比如在同一企业年金计划中，受托人与托管人、托管人与投资管理人不得为同一管理人（见图5-6）。

图 5-6　企业年金管理模式

（三）养老金业务重点产品

目前，各家商业银行都已形成了包括销售产品在内的养老金产品体系，涵盖了养老金咨询服务、企业年金、养老保险和持股计划产品、养老金卡等系列产品，实现了对企业年金和养老保障持股计划管理的全流程服务。主要产品大致有企业年金单一计划产品、集合计划产品、理财产品、补充医疗计划管理产品、住房补贴计划产品、城镇化养老保险计划产品、员工持股计划产品等（见图5-7）。

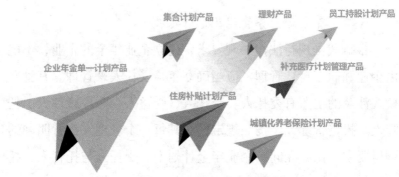

图5-7　养老金业务重点产品

（四）养老金业务推进中的困难和问题

第一，养老保障体系不完善。主要表现在缺乏养老保险、基金设立、组织运作等多种契约型储蓄机构。从美国来看，养老保障体系有"三道防火墙"：一是政府养老金；二是涉及401K条款下的雇主养老金；三是个人账户。上述第一项是强制执行的，后两项是自愿的，一般按照商业化模式运行，同时享受政府财税优惠支持。而我国在政府养老金的发放上，存在着不规范、不统一、不平衡的问题。虽然有社保体系，但政策标准掌握不一致；从后两项看，目前还处于探索研究阶段。虽然银行系的专业化养老金公司刚刚审批了一家，但运行还未完全进入正轨，与国际化公司比，与我国庞大的老龄化社会比，差距很大。不仅如此，全社会对养老保障认识还没有形成广泛一致，没有意识到目前和未来我国老龄化的严峻程度和亟待建立保障体系的紧迫性。特别在广大农村和中小城市，养老保障体系的建立健全更为紧迫。随着老龄化程度越来越严重，广大城乡居民面临的养老送终负担将会日益严峻。

第二，业务发展模式零散化、产品碎片化问题突出。主要表现在：商业银行系统内养老金业务管理分支机构未独立，组织架构不健全也不规范，有的挂靠零售业务部门，有的挂靠公司业务部门，有的挂靠托管部门。这就导致了养老金融的相关产品服务零散分布于银行内多个部门管理。比如，公司部门管理社保基金的存款；零售业务部门负责社保卡的发放、养老金代发等；私人银行部门负责专属理财；而真正的养老金部门只能负责业务和产品的营销；个别银行还将账管户和托管户分属于不同部门管理。这样一来，使业务管理、产品创新、市场营销、客户对接、账户管理等七零八落，业务发展处于一盘散沙之中。

第三，现行考核体系和机制制约业务发展。养老金业务具有经营时间和投入产出回报周期长等特点，这就与商业银行每年必须进行考核产生了冲突。以企业年金为例，由于企业建立年金管理制度受多种因素制约，建立周期一般较长，而年金的受托户、账管户、托管户资格具有排他性，市场竞争激烈，这就需要银行进行前期人力、物力、财力的大量投入，但规模效益显现相对滞后。我们商业银行从上到下往往着重眼前利益，每年一考核，这样就严重制约了养老金业务的发展。

第四，养老金业务面临多头监管和业务资质限制。从目前看，这项业务涉及人社部、财政部、银保监会、证监会、人民银行等多个部门，多头监管、手续繁杂是可想而知的。具体来看，人社部牵头负责年金政策制定、资格准入、信息披露、业务监督等；银保监会负责托管业务、账管业务的规范运营，及养老保险公司参与年金的环节和有关业务；证监会负责投资运作和监督；等等。商业银行要申请账管户、托管户、受托户、投资户资格，实在不太容易。因为"铁路警察，各管一段""九龙治水，各有所好"，商业银行对每个码头都要参拜，差哪个环节的条件准入都不行。毋庸置疑，开拓此项业务，受到较大限制。

第五，养老金业务目前运营风险潜存。主要集中在三个层面：一是合规风险，就是在业务经营过程中因自身经营行为不规范或者外部法律环境、规章制度发生重大变化而造成的不良后果的可能性风险；二是IT系统风险，比如网络通信故障，水火灾、地震等自然灾害引起的计算机系统中断风险；三是操作风险，就是养老金业务管理人，包括受托人、托管人或者其他管理人及各环节操作中出现的人为风险。

（五）发展养老金业务潜力巨大

自2005年以来，我国养老保障体系建设正式纳入了国家的重要议事日程。商业银行按照国家有关规定，以发展企业年金业务为基础，积极拓展业务范围，以满足客户需求。经过十多年的大力拓展，养老金业务已经成为商业银行转型发展的重要业务板块之一，其基础性、专业性和战略性越发显得重要。

第一，大力发展养老金业务面临政策机遇期。党的十八届三中全会明确提出：要"制定实施免税、延期征税等优惠政策，加快发展企业年金、职业年金、商业保险，构建多层次社会保障体系。"2016年3月，人民银行和民政部等五部委又联合印发了《关于金融支持养老服务业加快发展的指导意见》，提出探索建立养老金融事业部制，组建多种形式的金融服务专营机构等要求。可以预判，未来我国的养老保险制度、配套政策、市场化运营的程度，都将有一个深刻的变革。党和政府的高度重视，将为我国基本养老保险、企业年金、职业年金、类年金、个人储蓄性养老以及相关养老产业发展，带来难得的历史机遇，也给商业银行的业务发展带来新的政策红利。

第二，大力发展养老金业务，市场潜力巨大。据初步统计，目前我国60岁以上的老人占总人口超过17%，到2030年可占25%以上，人口老龄化的矛盾将会越来越突出。为应对人口老龄化问题，国际上一些发达国家在养老产业和养老金融方面，包括保障体系、组织运营、养老产品、医疗健康等方面，都实施了一系列举措。其成功经验，对我国发展养老金融服务具有重要的启迪作用。国际成功的实践表明，养老基金行业的发展与银行密不可分，而且随着全球养老基金市场的兴起，商业银行将会用更多的金融产品参与养老系列化服务。与国际市场比，我国商业银行参与养老金市场刚刚起步，需要借鉴的东西太多，而且中国的市场将超过国际上任何一个国家，其发展潜力未可限量。

第三，大力发展养老金业务，有利于商业银行自身的创新转型。不论从现实看，还是从未来看，在中国养老金融业务都是一项基础性强的战略性新兴产业。之所以这么说，主要是人口老龄化加剧，涉及相关的社保、保险、旅游、医疗卫生、家政、银行等产业和金融行业，从体制保障、服务运营、产品使用等，商业银行无一例外都将始终参与。这就需要对我们的服务体制和机制、产品包装和使用、政策配套和运用、渠道如何对应等，进行重新梳理，并按照国家政策、商业银行运行规则和市场客户需求，进行机制创新、工具创新、产品创新和服务创新，而且不做不行、非做不可。这样才能适应未来养老金融市场发展大势，才能推动商业银行综合金融服务提升档次。当然，也有利于国家经济和养老保险产业化的稳健发展。

第六单元

商业银行综合经营业务

近些年来，我国商业银行各项业务和管理工作都有长足的发展。特别是随着金融体制改革和电子化业务的快速推进，商业银行金融创新不断深入，银行业与证券业、保险业、租赁业、期货业等行业正在全面交叉、混业经营，商业银行的各种营销渠道、结算渠道和管理渠道，也在实现向综合性、多功能、国际化、一体化的方面转型，银行集团——子公司业务更是方兴未艾。本单元就其综合化经营和管理的几个重要业务作一介绍。

一、营业网点业务

为提高营业网点综合利用效率和客户服务能力，本着资源共享、规范统一、公私联动、专业专注、风险收益平衡的原则，一些大型商业银行，根据营业网点周边市场环境和客户需求、网点人员配置、营业面积和功能分区等情况，结合客户量和业务量及其结构，推动了营业网点业务向综合化方面转型。

（一）网点功能综合化

1. 将做对私业务的单一网点向做对公对私的综合业务网点转型

网点转型是商业银行的一件大事，牵涉方方面面。一些商业银行决定：对周围有对公客户资源的，对私网点一律要开办对公业务；没有对公客户资源的，也要受理对公结算服务业务。同时，人员还要统一调配，统一培训，持证上岗，以期使单一的储蓄网点成为公私业务均办的综合性网点，满足市场和客户的需求。

2. 将做对公业务的单一网点，实施对公对私业务一起做

一些商业银行要求在对公网点向综合化业务转型时，按照员工技能和资格，确定能够开办对私业务的种类，做好风险防控、人员上岗技能培训、机具设备安装及业务单证配备等工作，不达标准，不得开业，不得上岗。

3. 将高中端客户理财服务区，实现综合化转型

不仅能受理个人的VIP客户，也能受理集团客户和战略性

客户；不仅能办个人的综合理财业务，也能办理大型客户的所有对公业务。

（二）柜员服务综合化

过去，在大部分营业网点，柜员服务只能做单一业务，不能做综合业务。随着网点转型，许多大型商业银行，在实施综合性业务转型的网点里边，按照客户结构、客户量、业务量等情况，以及风险控制要求，对综合柜员和各岗位工作职责、高低柜和网点后台人员配置比例、业务处理流程和服务流程、岗位间兼岗风险控制要求、工资和绩效分配等方面进行定性定量分析，进而确定综合柜员和各岗位员工技能要求、上岗条件、培训内容和培训方式，以满足综合化机制和各岗位的不同需求。不仅如此，按照对公对私业务量，探索综合柜员设置数量、比例、工作方式和业务处理范围。同时邀请上级行员工到转型后的营业网点进行客户体验。其综合化服务流程如图6-1所示。

图6-1　柜员服务综合化

（三）营销团队综合化

过去，商业银行的许多网点，对公业务只营销对公业务，对私业务只营销零售业务。网点转型后，不仅要营销零售业务，还要营销对公业务，公私业务一担挑。许多营业网点实施了"六步"综合营销机制，即一是客户"名单制"，无论对公对私业务，只要是大客户都要拿出具体营销的客户名单；二是领导"认养制"，对一些对公业务的集团户、战略性客户和对私的高端客户，领导带头认养；三是任务目标制，就是按年、按季、按月，确定存款、中收、开户、开卡、上网客户和交易量等目标任务；四是营销联动制，即将单兵营销与团队营销结合起来，将重点营销与一般营销结合起来，志在必夺；五是过程合规制，强调依法营销，合规营销，智慧营销等，不搞吃请送礼，不搞违规违纪活动，要求每个环节都要符合规定和要求；六是绩效奖罚制，商业银行每个营业网点每年都有一定的存款目标、收入目标、差错率指标、资产不良率控制指标等，如果完不成，上级行和本行都要进行评优罚劣，以期调动全体员工工作的积极性和主动性。

综合营销机制"六步"法如图6-2所示。

图6-2　综合营销机制"六步"法

二、资金结算业务

（一）资金结算业务的内涵

该项业务包括现金管理和结算核算两部分内容。

从现金管理业务看，它是以单位客户资金管理为核心，以电子渠道和广泛的营业网点为依托，向客户提供的综合现金流管理服务。其内容主要是以收付款为核心的供应链管理，以集团内部资金动态共享为核心的流动性管理，涵盖"三流"即物流、信息流和资金流于一体的综合信息管理，以及配套客户流动资金管理有关的投融资管理、利率汇率管理、反洗钱管理和风险管理等（见图6-3）。

图 6-3　配套客户流动资金管理有关的投融资管理

从结算核算业务看，它是银行依托物理渠道和电子网络渠道，为公司机构客户提供的货币给付、资金清算、会计结算和核算、信息情况报告等产品和服务（见图6-4）。现金管理与资金的结算、核算，是商业银行一项基础性业务，也是一项政策性强、细致入微的重要业务，能够体现银行"三铁"精神的落地，否则商业银行的一切经营活动，都将是虚无缥缈的。

货币给付　01

资金清算　02

信息情况报告　04

会计结算和核算　03

图6-4　结算核算业务示意图

（二）资金结算业务具体分类

资金结算业务，按照所处管理环节和服务对象不同，大致可以划分为以下几类。

第一类，账户开立服务。是围绕公司机构单位，在人民币账户管理方面设计产品和做好服务，主要包括账户设立、密码生成、印鉴组合、集团客户一体化开立账户、到单位收付款、送取业务联系单、核对明细账户等服务。

第二类，收付款操作服务。即围绕收款、付款结算行为，设计产品并进行服务。主要包括银行汇票、银行本票、商业汇票、人民币汇兑、委托收款等传统结算产品；也包括支票、支票保付、转账支票透支、公司机构批量付款、远程申请签发本汇票、国内信用证及受托开证、电子商业汇票、电子渠道收付、单位结算卡等衍生支付结算产品；还包括代收代付、定期借记等代理结算业务等。

第三类，流动性管理服务。即围绕客户账户的流动性管理设计产品。主要包括独立账户的流动性管理和组合账户的流动性管理，涉及许多具体产品服务。

第四类，各种信息报告服务。即围绕客户信息反馈、客户信息展示、账户情况报告等设计产品。主要包括客户信息报告、账户信息（含交易信息）报告、现金管理信息明细、客户内部账户管理服务、资金证明、客户账单自助服务等业务。

资金结算业务分类示意图如图6-5所示。

图6-5　资金结算业务分类示意图

（三）资金结算业务的重点产品

1.单位结算卡

单位结算卡，即商业银行向单位客户发放的，以卡片为介质、凭密码为客户办理相关联账户支付结算及法人理财业务的账户集合管理、使用的工具，具有身份识别、转账汇兑、现金存取、投资理财、信息报告等功能。简单地讲，就是单位的银行卡。其主要特点是：支持全渠道、全天候大中小客户的结算及信息查询，支付安全有保证。

2. 国内信用证

国内信用证，即由商业银行的开证行，根据申请人申请开出的符合信用证条款单据支付的付款承诺业务。该信用证属于不可转让、不可撤销的跟单信用证。国内信用证具有提供短期融资功能和为国内企事业单位之间的商品交易提供结算服务等结算功能。国内信用证可适用于外资、外贸企业或国内贸易公司等龙头企业和影响力较大的单位。

3. 票据池

票据池，即依托商业银行的网络优势、渠道优势和信用优势，为企事业单位提供资金融资、委托管理和商业汇票信息登记等服务，是解决系统内票据统一管理和统筹使用问题的安全、优质、高端解决方案。它的适用对象是集团类客户、供应链客户等。

4. 一户通

一户通，即通过一个单位的人民币结算账户，能够为旗下的不同性质、不同期限、不同类别的资金，实现统一管理服务。其主要的功能和特点是多级架构、分类收款、定时归集、自动互转、专户理财。该产品适用的对象是供应链、连锁店、有资金分户核算和专户理财需求的客户等。

综合上述重点产品，为理解方便起见，可参见图6-6所示。

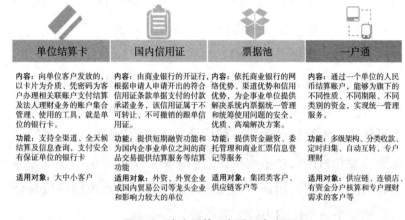

单位结算卡	国内信用证	票据池	一户通
内容：向单位客户发放的，以卡片为介质、凭密码为客户办理相关联账户支付结算及法人理财业务的账户集合管理、使用的工具，就是单位的银行卡	**内容：**由商业银行的开证行，根据申请人申请开出的符合信用证条款单据支付的付款承诺业务，该信用证属于不可转让、不可撤销的跟单信用证。	**内容：**依托商业银行的网络优势、渠道优势和信用优势，为企事业单位提供解决系统内票据统一管理和统筹使用问题的安全、优质、高端解决方案。	**内容：**通过一个单位的人民币结算账户，能够为旗下的不同性质、不同期限、不同类别的资金，实现统一管理服务。
功能：支持全渠道、全天候结算及信息查询，支付安全有保证单位的银行卡	**功能：**提供短期融资功能和为国内企事业单位之间的商品交易提供结算服务等结算功能	**功能：**提供资金融资、委托管理和商业汇票信息登记等服务	**功能：**多级架构、分类收款、定时归集、自动互转、专户理财
适用对象：大中小客户	**适用对象：**外资、外贸企业或国内贸易公司等龙头企业和影响力较大的单位	**适用对象：**集团类客户、供应链客户等	**适用对象：**供应链、连锁店、有资金分户核算和专户理财需求的客户等

图 6-6　资金结算业务的重点产品

（四）资金结算业务的主要风险辨析

实践表明，客户使用的产品不同，风险点也不一样。

单位结算卡的风险点主要在于：一是非持卡人在柜面办理取现、转账和汇兑业务，如果客户身份核对有误，极易造成客户资金的重大损失；二是如果经办行未按有关规定和结算卡业务办法及操作规程审核客户开卡有关要素，极易造成签约风险。

国内信用证的主要风险点在于：开证时如果不按规定收取申请人开证保证金及提供有关抵质押及第三方担保，极易造成违规授信；如果办理开证、预付或付款审核不严，会使银行面临重大资金损失；交易背景不实，还会造成欺诈风险等。

票据池业务的主要风险点在于：票据流转过程中，如果内部有关岗位交接不规范、不及时、不准确，会造成传递交接风险；同时，如有票据鉴别不到位，会造成假票和问题票据；在办理票据承兑、贴现等业务时，如果审核票据的贸易背景不实和债权债务关系出错，会使银行造成资产的重大损失。

一户通业务的主要风险点在于：主账和分账、签约解约、支付结算、对账、凭证管理等方面，与普通账户的使用和操作有别，存在一定的操作风险等。

三、子公司业务

子公司业务，是商业银行按照国家金融体制改革要求，并经有关监管部门依法批准设立的银行以外的（包括证券业、基金业、租赁业、信托业、保险业、期货业等）金融市场业务。它是商业银行集团多功能经营体系的重要组成部分。子公司业务在中国已有近二十年的历史，目前，呈现方兴未艾、大有可为的发展态势。

（一）设立子公司的重要意义和作用

1.设立子公司是金融市场化和国际化的客观必然

商业银行设立子公司或混业经营，并不是我国的首创，而是经历了一个漫长的国际化演变过程。美国早在20世纪30年代就已实施，但出现了许多重大风险。混业经营实现跨越式发展，应该是在20世纪90年代，其焦点集中在如何混合一个国家的金融体系。研究结果表明，进行混业经营所需成本低于分业经营，但需要在完善分业经营和建立防火墙的基础上进行综合化经营。这种制度率先在欧美一些发达国家（如美国、德国、奥地利、瑞士等）实施。随着我国加入世界贸易组织，大约从2001年开始，中国的金融市场终于向世界敞开了大门，国内市场注入了许多外资银行，尽管商业银行分支机构必须严格限制分业经营，但从总部讲，陆续放开了混业经营或综合化经营的步伐，设立了信托公司、基金公司等，可以为客户提供包括银行、证券、信托、保险等一系列综合金融服务，所以说这是市场经济快速发展的客观必然。

2. 设立子公司是商业银行集团综合金融服务的重要补充和载体

商业银行设立子公司，继而可以经营投资银行业务、证券承销、基金募集、保险交易、信托和租赁等，这些业务原本在银行业监管之下是不允许的，但通过子公司的设立和综合化经营，可以有效提高银行特别是国有商业银行履行商业职能，丰富和补充限制了的业务范围和工具，扩充业务的领域。

3. 设立子公司是商业银行集团利润新的增长点

据初步统计，工、农、中、建、交五大商业银行，自2005年以来，先后设立了基金公司、租赁公司、信托公司、投资银行、咨询公司、期货公司、保险公司等，各种牌照现在基本上一应俱全，近两年子公司的净利润分别占各行总量的5%~8%，已经成为各大商业银行稳定的重要的收入或利润增长渠道之一。

4. 设立子公司是商业银行解决就业难和推动国民经济发展的重要途径

我国是个大国，人口众多，就业需求旺盛，每年毕业的各类大学生多则百万人，少则几十万人。就业难，是整个社会包括政府、学校、家长、单位和学生本人等各方面头疼的问题。通过十多年来商业银行设立子公司，进行综合化经营，不仅推动了金融国际化、市场化的步伐，活跃了金融杠杆的作用，而且逐步解决了当前和未来社会最关心的"就业难"问题，为我国社会的稳定和国民经济持续、健康发展打开了必不可少的通道。

（二）子公司业务的主要特点

1. 决策的受控性

子公司与商业银行集团一样，是独立的法人企业，在法律上具有平等的地位。虽然，商业银行并不像对待分支行那样对待子公司，但是商业银行可以按照其所持有的股份大小及法定程序，通过子公司的股东大会或子公司在董事会和高管层中安排代表自己利益的董事或高级管理人员，达到对子公司的控制目的。同时，通过股权控制、财务控制、战略控制和审计控制等手段，达到对子公司的控制目的。可参见图6-7。

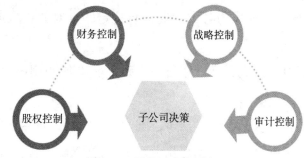

图6-7　子公司决策受控图

2.战略的协同性

一般来说，商业银行作为控股公司对整个子公司的发展起着四个方面的作用：一是促进决策分散化和各业务单位的高度自主性；二是推动不同部门和所属分支机构之间加强互动和协同效应；三是在商业银行总部及所属机构共享功能性服务和关联性服务；四是通过母公司确定集团发展战略。作为子公司，也通过商业银行总部有关部门和有关分支机构，商谈业务创新、产品营销、客户共享、渠道共用等具体措施实施，最后达到双赢的效果。可参见图6-8。

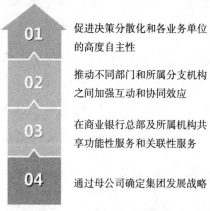

图6-8　子公司战略协同图

3.经营的自主性

经营的自主性。包括业务创新、市场营销、投资理财和风险控制等经营工作，原则上由子公司自主进行，一般情况下商业银行不会干涉。从业务创新看，子公司一般都具有"三量"：一是胆量；二是含金量；三是正能量。即抓住机遇开拓进取；产品设计，技术含量要高；同时，无论创新过程和结果都不能违规。从市场营销看，子公司从规模目标、客户目标、渠道目标等，在内部、外部都要研究制定总体方案和具体分销措施。从投资理财看，通过研究员、投资经理、风险经理和投资决策委员会等岗位和机制，以及前后台联动，都会出台一些非常具体的投资行业、投资产品、投资客户、投资风险、投资业绩的评估和策划方案。这些工作专业性很强，商业银行也不会参与决策，都是由子公司自主决定、自担风险、自主经营、自食其果。

子公司自主经营重点如图6-9所示。

图6-9　子公司自主经营重点

（三）子公司业务的重点内容和产品

目前，子公司经营范围横跨境内、境外两个市场，业务涵盖基金、信托、租赁、保险、期货、咨询、投资银行等多个金融领域（见图6-10）。子公司经营业务与商业银行业务，已经形成互为补充、母子依托、协同联动、资源共享的综合化经营架构。

从信托业经营范围和产品看，主要有信托产品、投资银行业务、证券投资产品、股权投资产品、自有资金贷款等。

从租赁业看，经营的范围和产品主要有融资租赁、经营租赁、转让和受让融资租赁资产、固定收益类证券投资业务、同业拆借、境外借款、接受承租人的租赁保证金、向金融机构借款、经济咨询、租赁物处理、为控股子公司和项目公司对外融资提供担保等。

从基金业看，经营的范围和产品主要有公募基金募集、专户基金募集、基金销售、标准化资产投资、非标资产处置、资产管理、资产证券化、私募投资等。

从投资银行业务看，经营的范围和产品主要有企业收购兼并及重组、资产管理、直接投资、上市保荐与承销、证券经纪人、市场研究、咨询顾问等。

从保险业看，经营的范围和产品主要有人寿保险、财产保险、健康保险、意外伤害险、各种业务的再保险等。

从养老业看，经营的范围和产品主要有企业年金管理、咨询顾问、养老保障和员工福利计划管理等。

从期货业看，经营的范围和产品主要有金融期货经纪业务、商品期货经纪业务、期货资产管理业务等。

01 信托业
信托产品、投资银行业务、证券投资产品、股权投资产品、自有资金贷款等

02 租赁业
融资租赁、经营租赁、转让和受让融资租赁资产、固定收益类证券投资业务等

03 基金业
公募基金募集、专户基金募集、募集销售、标准化资产投资、非标资产处置等

04 投资银行业务
企业收购兼并及重组、资产管理、直接投资、上市保荐与承销等

05 保险业
人寿保险、财产保险、健康保险、意外伤害险、各种业务的再保险等

06 养老金业
企业年金管理、咨询顾问、养老保障和员工福利计划管理等

07 期货业
金融期货经纪业务、商品期货经纪业务、期货资产管理业务等

图6-10　子公司经营主要内容

（四）子公司业务的主要风险辨析

子公司业务灵活、自主性大，专业性强，所处行业特点明显，各风险点大不相同。比如信托业务中的股权投资产品，其主要风险点在于交易对手的信用风险和操作中的合规性风险。投资银行业务中的收益权投资产品、债权投资产品，其主要风险点在于交易对手信用风险；收益投资产品风险点还存在标的资产价值波动风险，因为它的主要还款来源一般是标的资产的未来现金流。租赁公司的融资租赁产品，其主要风险点在于承租人租赁期间经营情况发生变化，无力正常支付租金，导致履约风险，当然也有租金变化引起的市场风险；经营租赁产品还存在租赁物贬值、损坏及灭失形成的租赁物风险。基金公司所属经营资产证券化产品和资本市场投资类产品，其主要风险点在于市场不稳定、政策有变化，会形成市场风险；还有交易对

手选择不当，会造成投资经营风险。期货公司推出的期货套期保值服务业务，其主要风险点在于现货价格和期货价格波动太大形成基差风险、现金流风险。保险公司业务中的财险产品，主要风险点在于会形成估值风险、道德风险等。

第七单元

商业银行重要岗位履行

在商业银行的经营管理中，一些部门的岗位角色十分关键，比如个人业务客户经理和公司机构客户经理，对全行业务拓展极其重要。因为他们扮演的角色成功与否，事关本家银行客户数量和质量的优劣，事关公私两大业务市场份额的多寡，事关银行对外服务形象的好坏，事关银行持续发展的潜力大小。因此，本单元就对公对私两大客户经理岗位履行，作些简要介绍。

一、个人业务客户经理

个人业务客户经理，是指直接接触个人客户并营销商业银行产品与服务的专职人员。在西方的许多商业银行，个人客户经理也称为客户关系经理、客户服务代表、客户的投资理财顾问等。我国商业银行实施客户经理的时间很短，主要是从20世纪90年代初，专业银行向商业银行转轨以来，随着人才战略的实施以及专业技术职务系列的设立，许多商业银行与行政晋升系列相对应，设立了包括个人业务客户经理、公司机构客户经理、风险经理、产品经理、研究分析师等在内的专业技术职务系列，以吸纳高绩效、替代成本较高的专业人才。因此，个人业务客户经理在银行内部也从事客户关系管理、营销服务方案策划与实施，是直接服务于个人业务客户的专业技术岗位职务。

（一）个人业务客户经理的任务、职能和作用

个人业务客户经理的任务是什么？能够发挥什么样的作用？这是做好客户经理最需要关心的问题。

1.个人业务客户经理的主要任务

一般来讲，至少有以下几项：一是联系银行与客户的主要桥梁，客户对银行了解多少，尤其对业务产品的特色知道多少，客户经理的角色十分重要，这是最基本的任务，也是银行的"形象大使"，因为客户经理扮演的是一个流动银行。二是为客户充当财务参谋，并对感兴趣的业务和产品，研究分析需

求，并提供解决的方案。三是争取银行的资源，以解决客户的需求，用最少的银行资源投入，获取最大的产出，使银行和客户均能实现双赢。四是了解同业竞争的策略，并提出应对措施，又不能随意泄露本行的秘密。可参见图7-1。

图 7-1　个人客户经理的主要任务示意图

2. 个人业务客户经理的基本职能

概括地讲，主要是市场开拓、产品营销和客户开发。具体包括以下几项：一是根据商业银行经营原则、经营计划和工作要求，对市场进行深入研究，并提出自己的营销方向、工作目标和作业计划。二是根据商业银行的客户发展战略，主动寻找客户，通过各种渠道，建立与客户的业务联系。三是具体接触客户，收集有关信息，包括财务信息、生活信息、销售信息、管理资源信息、行业和产品的市场信息等，并建立客户档案，提出综合评价报告和风险分析报告。四是根据客户的需求，与客户探讨业务合作方案，把客户的需求与银行的产品结合起来。五是与客户建立日常联络，做好产品售后服务；同时，定期访问客户，维系与客户的良好关系，收集客户的动态信息，发掘和开发客户对银行产品的潜在需求。六是加强调查研究，充分发挥对客户的调查权和业务的建议权，并对提交的各种信息、客户材料和工作报告、方案等的真实性、有效性负责。可参见图7-2。

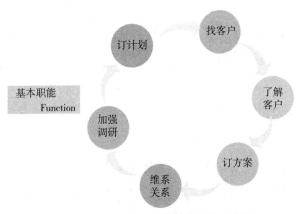

图7-2　个人客户经理的基本职能示意图

3. 个人客户经理的重要作用

建立客户经理制，无论对银行还是对客户意义都很大，影响深远，至少可以发挥以下几方面作用：一是能够为客户提供更加方便、快捷、全面、深入的金融服务。客户经理作为商业银行对外服务的窗口，代表银行主动为客户提供存款、贷款、汇款、信息、咨询等全方位金融服务，是银行与客户联系的桥梁和纽带，更新了以往"你等我服务"变为"我为你服务"的经营理念，也践行了"以客户为中心，以市场为导向"的诺言。二是有利于提高客户的忠诚度和满意度。据一家大型商业银行的实践表明：争取一位新客户的成本是保住一位老客户所花成本的6倍。一家银行只要比以往多维持5%的客户，利润则可以增加40%~50%。所以，客户经理工作的重点，首先应放在怎样保持现有客户的忠诚度和满意度上，其次才是吸引开发新客户。三是可以极大地促进金融产品的销售，增加商业银行的利润。毋庸置疑，客户在银行经营体系中居于核心地位，这是由客户对银行的重要性决定的。银行与客户，实际上是一个利益共同体，可谓"荣辱与共"，客户营销得好，银行的各项产品实际销售就能得到保证，银行的效益也就能随之提高；反之，客户营销失败或未得到保值增值，银行的效益也就没了来源。可以说，没有客户，就没有银行；谁赢得了客户，谁就赢得了市场，谁就赢得了效益。四是扩大商业银行的声誉和影响。据统计，中国的个人客户账户占总人口的70%以上，特别是国有商业银行的个人客户平均在3亿人以上，账户数量还要再乘以三或以上。如果个人客户经理素质高、营销得力，本银行不仅能得到实惠，而且在市场和国民心目中都会留下深深的烙印。所以，个人客户经理水平的高低，形象的好坏，极为重要。可参见图7-3。

图7-3　个人客户经理的重要作用示意图

（二）个人业务客户经理应具备的基本素质要求

商业银行个人业务客户经理，必须具备一定的素质，否则难以适应职业操守、市场形势和客户需求变化的挑战。一般来讲，至少需要具备以下素质。

1.渊博的基础知识

它涵盖金融学、管理学、营销学、心理学、会计学、经济学、税务学和法学等，只有这样，才能参与各个环节的工作，包括市场分析、产品开发、客户议价、销量预测，以及营销目标确定、策略与计划制订、成本利润核算、规章制度制定等。

2.较强的事业心和责任感

作为客户经理，要牢记使命，不忘职责，对上级下达的运营绩效，包括任务目标和实现利润负责。

3.灵活的营销技巧和方法

灵活的营销技巧和方法，包括多方案、多工具、多途径、多产品、多方法，沟通交流，直到客户满意，银行能够承受。

4.科学的预见力和洞察力

能够在调查分析研究的基础上，比较详细、准确了解和把握市场、银行和客户三方面的现状和未来趋势，为银行业务发展把关，为客户稳定和谋利服务。

5.勇于奉献的团队精神

无论与上级领导，还是有关部门；无论是同室同事，还是跨部门的战友，作为客户经理，都不能把个人利益放在第一位，而应以工作为中心，一盘棋，一股劲，一团火，团结拼搏，实现最终目标。

个人客户经理应具备的基本素质可参见图7-4。

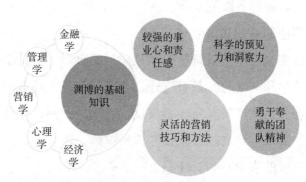

图 7-4　个人业务客户经理素质示意图

（三）个人业务客户经理应具备的专业技能

实践表明，专业技能的高低，是个人业务客户经理水平的体现。作为一个优秀的个人业务客户经理，必须有真才实学，才能赢得客户的青睐，也就是要有真本事。这个真本事主要表现在以下六个方面。

1. 较强的调研技能

该技能包括调研前的准备工作与调研对象选择方法等。调研前，必须进行目标和任务的确定，然后再作调研对象的选择。在调研的方法上，一般有抽样调研、典型调研、重点调研和全面调研。在调研的内容上，主要有客户情况和市场需求调研、银行产品和服务调研、销售业绩和广告媒体等在内的有关沟通情况调研。在调研的步骤上，一般分为确定客户调研问题、策划和设计调研项目、收集相关信息、分析有关资料、报告调研结果等，最后将调研结果输入客户信息系统。

2. 精准的评价技能

该技能包括熟练掌握商业银行评价客户标准，对不同客户从不同角度实施精细分析；同时，能精准地对个人客户信用评价分析，涵盖品德、能力、资本、抵押和条件，其中前三个要素是评估的重点。

3. 高难度的产品和服务组合设计技能

这个技能主要是看客户经理在金融产品、金融产品组合、金融产品线和金融产品生命周期方面的设计含金量和服务水平高低。

4. 严谨的客户维护和管理技能

该技能主要看客户经理保持与客户沟通交流的连续性；与客户建立一种良好的学习型关系；能够精准培养成长性客户，建立伙伴关系等。

5. 灵敏的营销反馈技能

该技能主要包括如何发现客户；第一次如何与客户沟通；语言文字如何运用得当自如；如何对状况性问题、问题性问题、影响性问题、权衡得失性问题进行沟通推销；如何有效营销沟通，比如事前准备、制订计划、确定目标、预测可能遇到的问题等，都要熟练运用各种知识快速应答。

6. 智慧的人际沟通技能

该技能主要包括语言和身体沟通、静心聆听沟通、人际风格沟通、电话微信沟通等。这些沟通方式，既要认真谦虚，又要灵活、大方；既要有理有据有节，又要真心实意、推心置腹。

个人客户经理应具备的专业技能可参见图7-5。

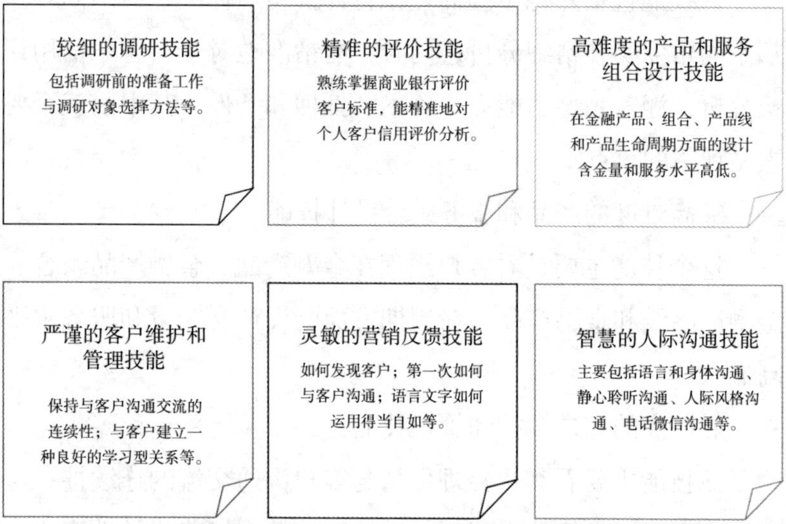

图 7-5　个人客户经理专业技能示意图

（四）个人业务客户经理的聘用与考核

个人业务客户经理如何使用和评价，国内外商业银行都有自己的一套办法和机制。从一些大型商业银行看，主要内容包括以下几个方面。

1.个人业务客户经理职级分类

个人业务客户经理职级大致分为两类：第一类是四级制职级，即客户经理主管（资深客户经理或首席客户经理）、高级客户经理、客户经理、助理客户经理；第二类是六级制职级，即客户经理主管（资深客户经理或首席客户经理）、高级客户经理、客户经理、助理客户经理、客户主任、助理客户主任。客户主任和助理客户主任一般没有直接服务维护的客户，而是协助其他层级的客户经理开展工作。可参见图7-6。

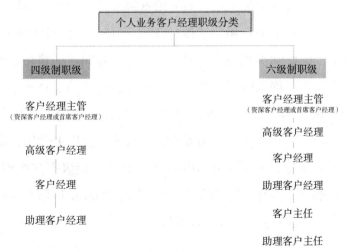

图7-6　个人客户经理职级分类示意图

2. 个人业务客户经理任职资格或标准

实践表明，不同层级客户经理都必须满足一定的学历、职称、工作年限、业务技能等要求。在香港地区，个人客户经理的任职资格要求一般包括道德素质、性格素质、业务素质、学历素质、工作素质等。在内地，从大银行到小银行对个人客户经理的任职资格是不一样的（见图7-7）。据内地几家大银行看，标准基本相同。初级客户经理：一般要求大专及以上学历，具备初级或以上专业技术职称；从事个人银行业务工作满3年；具备相应的基础知识、基本素质、基本专业技能等。中级客户经理：一般要求本科及以上学历，具备中级技术职称；从事银行相关工作满5年，任下一层级客户经理2年以上；具备较好的基础知识、职业素质、专业技能和相关计算机、外语水平等。高级客户经理：一般要求本科及以上学历，高级专业技能职称；从事银行相关工作5年以上，任下一层级客户经理3年以上；熟练掌握相关基础知识，并有较好职业素养和专业技能，以及银行网上网下、柜上柜下全功能的营销工具和服务，能独立撰写相关研究报告并得到实践应用，并有较好的外语水平。资深客户经理：一般要求，具有本科及以上学历，高级职称；从事银行相关工作10年以上，任下一层级客户经理3年以上；熟练掌握相关基础知识，并有较深的理论造诣和实践成果，专业技能较高，各方面表现优秀。

01 **初级客户经理**
大专及以上学历，具备初级或以上专业技术职称；
从事个人银行业务工作满3年；
具备相应的基础知识、基本素质、基本专业技能等。

02 **中级客户经理**
本科及以上学历，具备中级技术职称；
从事银行相关工作满5年，任下一层级客户经理2年以上；
较好的基础知识、职业素质、专业技能和相关计算机、外语水平等。

03 **高级客户经理**
本科及以上学历，高级专业技能职称；
从事银行相关工作5年以上，任下一层级客户经理3年以上，熟练掌握相关基础知识，并有较好职业素养和专业技能，以及银行网上网下、柜上柜下全功能的营销工具和服务，能独立撰写相关研究报告并得到实践应用，并有较好的外语水平。

04 **资深客户经理**
具有本科及以上学历，高级职称；
从事银行相关工作10年以上，任下一层级客户经理3年以上；
熟练掌握相关基础知识，并有较深的理论造诣和实践成果，专业技能较高，各方面表现优秀。

图7-7　个人业务客户经理任职资格或标准简式图

3. 个人业务客户经理选拔方法

总体来看，各行都坚持以下原则：公平竞争、宁缺毋滥、去芜存菁、宁少求精、不拘一格、唯才是举。选拔主要有以下三种形式：一是内部选拔。客户经理可以自行申请适当位置，又可推荐其他候选人，这样可以降低公开招聘的成本费用。二是收集人际网络信息，就是让内部职员动员自己的亲属、朋友、同学、熟人，介绍别人加入本行的外勤销售行列。利用这种途径有许多优点，如由于被介绍者已对工作及银行的性质有相当的了解，工作时可以减少因生疏而带来的不安和恐惧，从而降低退职率，缺点在于，易使内部形成裙带关系，所以必须遵循考核测试合格后方可聘用的规定。同时，信息途径还包括职介所、猎头公司等。三是公开招聘。包括校园招聘和社会招聘。这种途径其优点很多，有利于选择具备条件的优秀人才入行，当然选拔成本也很高。目前，各大商业银行基本采用了这种方式。

4.个人业务客户经理的绩效考核

绩效考核是个人业务客户经理管理的一项重要内容。绩效考核要和客户经理的职务晋升、奖优罚劣及各种利益分配挂起钩来，以激励客户经理充分发挥潜能，进一步改善和提升工作水平（见图7-8）。绩效考核坚持的原则是：客观、公正、公开原则；激励与约束并重的原则；定性定量相结合，以定量考核为主的原则；物质激励与精神鼓励相结合的原则。

绩效考核的主要内容是：通常是按个人客户经理的分类及工作重点，有针对性地选择考核指标，并设置考核权重。从考核指标看，一是经济增加值指标，即银行税后净利润扣减应提减值准备和资本成本后的差额。这种指标设置将客户经理从单纯账面利润考核转向价值创造考核，更多地考虑了风险因素。二是业务指标，主要看客户经理在存款、贷款、银行卡、网络金融、客户拓展、代理销售等业务量的保有及增长情况。三是定性指标，主要指无法具体量化的管理类指标，包括客户服务满意度、业务调查及产品创新参与度、档案管理质量、风险防控和参加集体活动情况等。从绩效考核的模式看，主要有：一是目标管理法，即通过考核期初客户经理事先参与，与管理者共同设置绩效目标，在考核期末对客户经理目标的实施及完成情况进行考核的方法；二是平衡积分法，是对平衡计分卡原理的简化应用，从业务指标、内部管理与风险控制、客户满意度、学习创新等方面对个人客户经理进行绩效考核；三是全视角绩效考核法，也称360度考核法，即通过被考核人的上级主

管、同事、下级和客户等维度，全方位、准确考核客户经理的
工作业绩，其目的就是全面评价、准确核定绩效，以利再战。

01　从考核指标看绩效考核

经济增加值指标
银行税后净利润扣减应提减值准备和资本成本后的差额。

业务指标
主要看客户经理在存款、贷款、银行卡、网络金融、客户拓展、代理销售等业务量的保有及增长情况。

定性指标
主要指无法具体量化的管理类指标，包括客户服务满意度、业务调查及产品创新参与度、档案管理质量、风险防控和参加集体活动情况等。

02　从绩效考核的模式看绩效考核

目标管理法
通过考核期初客户经理事先参与，与管理者共同设置绩效目标，在考核期末对客户经理目标的实施及完成情况进行考核的方法。

平衡积分法
对平衡记分卡原理的简化应用，从业务指标、内部管理与风险控制、客户满意度、学习创新等方面对个人客户经理进行绩效考核。

全视角绩效考核法
也称360度考核法，通过被考核人的上级主管、同事、下级和客户等维度，全方位、准确考核客户经理的工作业绩，其目的就是全面评价、准确核定绩效，以利再战。

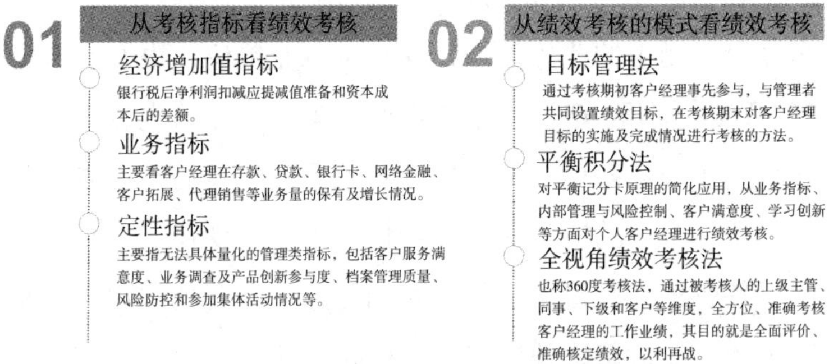

图 7-8　个人业务客户经理的绩效考核简式图

二、公司机构客户经理

公司机构客户经理，是指直接接触政府、金融机构和企事
业单位的客户，并营销商业银行产品与服务的专职业务人员。
在专业银行时期，被称为外勤人员。随着向商业银行转轨和金
融市场化、国际化的快速推进，银行不仅在个人业务也在公司
机构业务中建立了专职或兼职的客户经理队伍。通常商业银行
对它的定位是：客户最贴身的"管家"，银行较具综合性服务
的帮手，客户与银行联结的桥梁纽带，银行业务工作的代言人
或"形象大使"。

（一）公司机构客户经理工作的主要特征

公司机构客户经理与个人业务客户经理不同，虽然网点
少、人员少、产品少，但其工作更具有特殊性和专业性，以及

不可低估的资金的巨大风险性。具体分析有以下特征。

1. 客户对象具有系列性和广泛性

比如贷款业务服务的客户，广泛存在于社会经济生活的各个方面，涵盖的业务范围，既有企事业单位，也有政府金融等客户；既有第一产业、第二产业、第三产业，也有跨国企业和新兴产业。从各项业务服务的对象看，涉及的行业多、范围广，因而，服务的客户具有复杂性，主要表现在：一是经营涉及各行各业；二是母子公司、跨国公司、合资公司比比皆是；三是生产、经营、管理模式各不相同。

2. 部门协作具有分散性

客户经理全方位的金融服务是建立在与组织内部各部门充分配合基础上的。尤其是贷款业务，作为劳动密集型服务行业，在整个流程中需要客户经理与各个部门的专业岗位进行逐一的服务交换，才能实现高效的内部流程化。表现在与各部门协作具有复杂性，特别是审贷会商协作更不容易。

3. 工作流程具有复杂性

一笔混合型贷款业务，特别是本外币一体化、母子公司一体化业务，流程涉及市场营销、现场调查、贷款审批、款项发放和贷后管理等多个环节，由于客户具有复杂性，流程具有烦琐性，因而，对于客户经理在整个服务过程中，必须根据不同情况进行不同服务，并要持续改进服务方式。

4. 服务技术具有专业性

针对公司机构客户这个服务对象的特殊性，信贷机构要想为客户提供商业化和持续发展的融资通道，就必须创新适合客户特点的信贷技术。因此，如何提供优质高效的服务和提高用户体验极为重要。

5. 市场打拼具有风险性

作为公司机构客户经理，营销成功一个优质的客户，特别是集团客户非常不易。特别是在市场发生较大变化、客户经营遇到管理不善等原因，造成银行工作被动或重大资金损失时，客户经理的责任更大。这就要求公司机构客户经理及时跟近客户和市场变化，精准采取得力措施进行规避。

公司机构客户经理特征可参见图7-9。

图 7-9　公司机构客户经理特征示意图

（二）公司机构客户经理工作的主要职责和作用

公司机构客户经理是银行深入市场的触角，肩负着培育客户、维护客户的重任。其工作目标应以客户为中心，以市场为导向，依托团队合作成为客户贴身的咨询顾问。客户经理的职责和作用，主要体现在以下方面。

1. 主动联系客户

公司机构客户经理是银行的全权代表，也是与客户联系的"大使"。客户的需求，就是客户经理的追求，作为客户经理，要主动与客户保持"热线"联系，及时提供服务，及时发现客户需求，及时引导客户与银行融为一体。

2. 积极开发客户

公司机构客户经理，对现有的客户要保持动态跟踪；对潜在的客户要积极互动研究、分析和开发，并使之成为银行业务领域新的增长点。

3. 强化内部协调

公司机构客户经理，是银行对外服务的"联络官"和各项业务的"前置"，所以，各部门、各分支行，都要齐心协力，密切配合。特别是客户经理要主动与各部门、各分行加强联系，提供行之有效的动态信息，充分发挥联络协调的作用，推进各项任务的圆满完成。

4. 精准营销产品

公司机构客户经理，要按照银行的经营原则、经营计划和对客户经理工作的要求，深入一线调查研究，分析客户需求，精准提出营销目标计划、工作安排和产品投放方案，并及时向行内有关部门反馈，实现客户需求和银行服务的无缝对接。

（三）公司机构客户经理应具备的基本素质要求

作为公司机构客户经理，必须具备较高的道德品质和大局意识、团队意识，同时也必须具备专业所必需的各种基础知识。在此基础上，必须具有以下几种能力。

1.较好的沟通能力

即商业银行工作所需的各种信息，包括财务信息和非财务信息，经营现状和非经营情况等，不仅能在客户提供的各种资料中体现出来，还能通过与客户的沟通进行详细反馈。因此，要求客户经理必须以客户为中心、以市场为导向，满足银企、银政协作的共同目标。

2.精细的谈判能力

可以说客户经理每一次与客户接触，都是一场谈判。通过谈判，能够详细掌握客户的情况，了解客户的有效需求，为客户及时配置合理的产品和资源。因此，这就要求客户经理必须具备良好的、精细的观察能力、决断能力、语言表达能力和随机应变能力，以利在商务谈判中取得主动权。

3.冷静的情绪控制能力

该能力主要是指客户经理面对客户不理解，以及谈判中出现的阻力、困境、冲突和压力时，要有自我修养、自我调整、自我控制的能力，避免负面情绪、心态失衡、不冷静行为的出现。

4.独立思考解决问题的能力

对公客户经理，大部分时间是独自面对客户，与客户进行面对面的交流和访谈，了解客户信息，以确定是否满足客户的贷款需求、理财需求和综合服务要求。在此过程中，客户经理会遇到各种各样的问题。这就要求客户经理要冷静分析，深入思考，逐一提出解决方案。

5. 抵制各种诱惑的能力

公司机构业务，以信贷业务为主，手中掌握着资金发放大权，成为企业单位特别是中小企业追逐的目标，当然也存在一些诱惑。对此，作为客户经理，要明白自己肩负的重任，珍惜自己来之不易的工作，时刻保持清醒头脑，严格控制自己的欲望，不为一己私利所蒙蔽，经受得住糖衣炮弹的袭击，才能无愧于自己的职业道德和职业操守的要求。

（四）公司机构客户经理应具备的专业技能

1. 政策规定的理解和执行能力

公司机构业务，涉及国家行业、产业政策和行内政策很多，不仅要具备相关的财务、金融和信贷知识等，还要熟知有关的法律法规和本行的信贷政策和产品属性，同时，能将这些政策规定综合运用、灵活掌握和操作，不失底线，这是对每一个客户经理的起码要求。

2. 收集与识别信息的能力

即客户经理通过满足客户不同的贷款、理财需求，来争取重要、优质客户，开拓市场。因此，作为公司机构客户经理，必须有能力、有方法、有途径收集各种信息，并从中识别哪些是有用的，哪些是多余的；哪些是重要的，哪些是一般的；哪些是急用的，哪些是备用的。实践表明，一个优秀的客户经理，它的业绩如何，能否争取到优质客户，就在于平时对各种信息的收集积累和精准分析运用。

3. 市场把握和营销能力

作为公司机构客户经理，必须及时了解国家和地方上的重大相关信息，同时，要具备敏锐的洞察力，来判断客户是否真的愿意借款和使用银行产品。不仅如此，还要与客户达到合作共识，使银企双方实现双赢目的。

4. 管理客户和服务客户的能力

该能力包括对现有客户的管理与服务，也包括对潜在客户的管理与服务。对于现有客户，客户经理不仅要热情服务，还要提供个性化、多元化的服务；对于潜在客户，不仅能够分析到位，更重要的是将产品与服务配置到位，并将潜在优质客户转化为现实客户。

5. 文字综合能力

文字综合能力即客户经理能够独立撰写工作计划、业务总结、动态分析、调查报告和客户理财方案等，为领导决策提供依据。

（五）公司机构客户经理的准入和考核

1. 客户经理的准入

一般采取公开聘任、自愿申请、用人单位推荐、组织安排相结合的方式，应聘客户经理，由本人提出书面申请，上级行组织考察和考试。

2. 客户经理的试用

为保障新聘客户经理熟悉业务和市场，促进客户经理队伍不断壮大，对新聘用的客户经理实行试用期制，试用期内执行一定的保护性业绩考核标准及待遇。对社会在职人员和本行外客户经理应聘客户经理的，试用期原则为6个月；行内个人客户经理应聘公司机构客户经理一般试用期为3个月；应届大学生应聘客户经理的，原则上试用期为一年。

3. 客户经理的晋级

客户经理从试用期转为正式客户经理，原则上不晋升行员等级；不承担管理职责的正式客户经理，业绩达到晋升上一级行员级别要求和新增业务目标达到晋级标准，且定性指标考核合格的，可以提出晋升行员等级的申请，并要通过客户经理基本技能、产品基础知识测试的考试，通过后才能晋升。

4. 客户经理的降级和转岗

为有效开展公私业务联动，充分反映客户经理对全行的综合贡献，在决定客户经理是否降级时，不仅仅考虑完成对公业务目标任务，也要考虑下达的零售业务定量指标和定性目标。试用期内如果出现未完成承诺任务的60%~70%，就面临降级和绩效扣减；如果是不承担管理职责的正式客户经理，目标任务完成不足60%~70%，则要降级；如果是承担管理职责的正式客户经理，目标任务完成不足60%~70%或出现重大风险事项，将要面临降级处分和转岗。

5. 客户经理的业绩评价和管理

客户经理业绩考核，一般实行百分制，采取定性指标和定量指标并行。定性指标一般占30%，主要包括客户日常维护、制度执行、爱岗敬业、工作纪律、风险规避等内容；定量指标一般占70%，主要包括模拟利润、资产业务、客户增量、负债业务、中间业务等内容。定性定量指标完成目标者，考核为一般；完成目标的120%为良好，超过120%的为优秀。

公司机构客户经理准入和考核可参见图7-10。

01 客户经理的准入
一般采用公开聘任、自愿申请、用人单位推荐、组织安排相结合的方式，应聘客户经理，由本人提出书面申请，上级行组织考察和考试。

02 客户经理的试用
▷ 对社会在职人员和本行外客户经理的，试用期原则为6个月；
▷ 行内个人客户经理应聘公司机构客户经理一般试用期为3个月；
▷ 应届大学生应聘客户经理的，原则上试用期为一年。

03 客户经理的晋级
▷ 客户经理从试用期转为正式客户经理，原则上不晋升行员等级；
▷ 不承担管理职责的正式客户经理，业绩达到晋升上一级行员级别要求和新增业务目标达到晋级标准，且定性指标考核合格的，可以提出晋升行员等级的申请，并要通过客户经理基本技能、产品基础知识测试的考试，通过后才能晋升。

04 客户经理的降级和转岗
▷ 试用期内如果出现未完成承诺任务的60~70%，就面临降级和绩效扣减；
▷ 如果是不承担管理职责的正式客户经理，目标任务完成不足60~70%，则要降级；
▷ 如果是承担管理职责的正式客户经理，目标任务完成不足60~70%或出现重大风险事项，将要面临降级处分和转岗。

05 客户经理的业绩评价和管理
▷ 客户经理业绩考核，一般实行百分制，采取定性指标和定量指标并行。
▷ 定性指标一般占30%，主要包括客户日常维护、制度执行、爱岗敬业、工作纪律、风险规避等内容；
▷ 定性指标一般占70%，主要包括模拟利润、资产业务、客户增量、负债业务、中间业务等内容。
▷ 定性定量指标完成目标者，考核为一般；完成目标的120%为良好，超过120%的为优秀。

图 7-10　公司机构客户经理准入和考核示意图

三、对私对公客户经理如何履职典型案例评析

在对私对公业务的处理中，商业银行的每位客户经理每天都会遇到许多难以应对的人和事，根据国际国内一些客户经理的实践，下面从职业素养、客户关系管理、营销推进、精心理财、破解难题等方面，作一些案例简析。

（一）个人客户经理处置典型案例评析

1. 反映职业素养方面的案例——"以真诚服务，赢得客户信赖"

2018年初，客户经理小张接待了一位大客户老王。当时

省分行推出了一款半年期、浮动收益的结构性外汇产品，小张将其产品的特性、优势及风险做了详细描述和介绍，老王感到这款产品很有吸引力，第二天便从他行提取了10万美元，办理了当期的外汇结构性理财产品。由于老王在他行支取未当面清点，10万美元中少了一张百元美钞，当时在本行买外汇理财产品时，柜员反复清点数字差100美元，柜员建议回原取款行查询，但老王知道，"出了这个行，人家是不负责任的"，就不愿再找了。作为小张觉得客户很冤枉，一直劝说回原行再查询一下，并亲自陪同客户去了该行，最终确认是少给了100美元。客户很感动，不仅买了外汇产品，还从他行转了40万元人民币存款。几个月后，该客户要求取回40万元存款购车。当时，网点库存现金很紧张，小张多次请求行内调剂，帮助老王及时取回款项。老王很感动，过了一个月又将他在某行的200万元现金取来存在该行。转眼间，客户存半年期的10万美元到期了，由于美元的大幅升息，该期产品的收益只有同期定期存款利息的一半，实际收益与预期收益大打折扣，客户很恼火，也很无奈。虽然小张一再解释，但客户还是执意将美元存款转入他行。当时，小张就想，客户在投资时，只看到了收益而没看到风险，而且行里也进行了录音录像和风险提示，对客户此时的态度可以理解，不能把事情做得太僵，转走了还可以再争取转回。所以，小张还是热情地帮客户办理了业务。临走前，客户对小张说，这事不怨你，主要是外汇市场的变化与预期不符。事情过后，小张一直不断寻找各种机会与客户联系，向他介绍新的理财产品，并聆听客户对本行的意见。最近，该客户又从该行转回了10万美元存款。后来客户告诉小张，我之所以又把钱存到你行，就是因为你心里老装着我们客户。案例过程可参见图7-11。

这个案例告诉我们：客户是我们的上帝，给了银行生存和发展的条件。在服务客户时，客户经理的服务态度、服务方式、服务举止，真诚和虚伪非常重要。如果我们心系客户，多几份亲情，多几份主动，想尽一切办法给客户带来收益和方便，让客户享受最真诚的服务，客户不会无动于衷。本案例也印证了信任来自于热忱的服务和对客户的真诚。

2. 反映分层营销、提升服务能力方面的案例——"细分市场和客户，是检验银行服务水准的一把尺子"

花旗银行某大城市支行营业厅分为两层：一楼是"一对一式"的理财咨询柜台和贵宾服务间，二楼是现金柜台。这种布局表明了花旗银行的细分市场和细分客户，当然现在在国内的许多银行也都这样做了。现金的存取款不是银行的主业，多元化投资理财是银行着力培养的市场。所以只存取款的客户就得多跑路爬二楼，而有足够财力的客户，就可以接受花旗银行理财顾问的面对面服务，存款大户更是可以进入更私密的单间，选择更为细致的服务。香港花旗银行对"百万富翁"级别的客户，实行"三对一"服务，即客户经理、基金投资经理和外汇投资顾问为其服务。后来，花旗银行又改为"四对一"，即在原来的基础上再增加一名理财助理，可见其对优质大户的重视反映职业素养方面的案例——"以真诚服务，赢得客户信赖"。

小张帮大客户老王挽回损失

2018年年初，客户经理小张给大客户老王推荐一款外汇结构性理财产品。老王在购买时发现由于在他行支取大当面清晨点，10万美元少了一张百元美钞，小张李自函同客户去了该行确认金额，帮客户挽回损失。

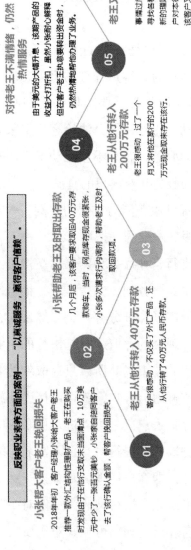

01

02
老王从他行转入40万元存款
客户很感动，不仅买了外汇产品，还从他行转了40万元人民币存款。

03
小张帮助老王及时取出存款
几个月后，该客户要求取回40万元存款车。当时，网点库存现金很紧张，小张多次清求行内调剂，帮助老王及时取回款项。

04
老王从他行转入200万元存款
老王很感动，过了一个月又将他在某行的200万元现金即来存在该行。

05
对待老王不满情绪，仍然热情服务
由于美元的大幅升息，这期产品的收益大打折扣，虽然小张耐心解释，但在客户老王热意要转出资金时，仍然热情地帮他办理了业务。

06
老王又转入10万美元存款
事情过后，小张一直不断寻找各种机会与客户介绍新的理财产品，并聆听客户对本行的意见。最近，该客户又从该行转回了10万美元存款。

💡 **案例启示：客户是我们的上帝，给了银行生存和发展的条件。**
在服务客户时，客户经理的服务态度、服务方式、服务举止、真诚和虚伪非常重要。

图7-11 案例简式图

程度。香港的渣打银行只要客户的存款和投资账户总额达80万港元，客户就可享有各种折扣优惠：如豁免ATM卡和信用卡年费，免收购买本票、礼券、旅游支票、汇票手续费，使用电子汇款手续费优惠，还有特惠贷款利率、楼宇按揭利率优惠、特惠外币兑换率、各类保险折扣优惠、租用保险柜优惠、各项购物休闲和美食优惠等，还给提供不同的透支服务，一般可以提供最高达总余额98%~100%的有抵押透支；还可提供无抵押透支，最多可达月薪的3~4倍。更重要的是，可以得到资深投资顾问的投资评估建议和代理服务，这对拥有高额资产的客户有较大的吸引力。

对于国际商业银行的分层次服务，作者认为有三点值得思考：一是分层次服务算不算歧视性服务？回答当然是否定的，因为它对银行来说贡献度大，情况复杂，单一层次的服务是解决不了客户的需求的，只有分层次、差异化、个性化才能满足其需求，这也是为什么在2000年以后被国内商业银行所效仿的原因。二是如何才能做到分层次服务？最主要的是有强大功能的科技网络金融服务的支持。因为个人客户分布广泛、数量庞大，必须依靠大数据的收集、整理、分析，才能完成模型评估和复杂服务的需要。三是分层次服务就需要综合算账，差异化定价，给行内的客户经理、基金经理、投资顾问与优质客户互惠互利的谈判定价权力。这样才能根据市场和客户的具体情况和不同需求，研究创新产品，促进业务大发展。案例简式图如图7-12所示。

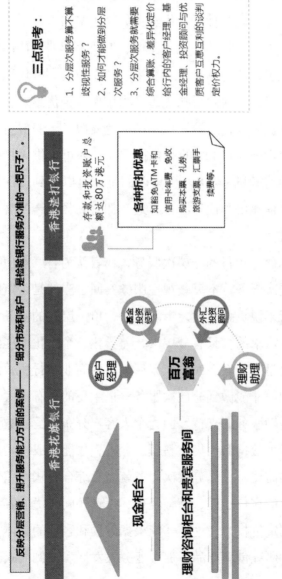

反映分层营销、提升服务能力方面的案例——"细分市场和客户，是检验银行服务水准的一把尺子"。

香港花旗银行

现金柜台

理财咨询柜台和贵宾服务间

客户经理　基金投资经理

百万富翁

外汇投资顾问　理财助理

香港渣打银行

存款和投资账户总额达80万港元

各种折扣和优惠

如豁免ATM卡和信用卡年费、免收购买本票、礼券、旅游支票、汇票手续费等。

三点思考：

1. 分层次服务算不算歧视性服务？

2. 如何才能做到分层次服务？

3. 分层次服务就需要综合算账、差异化定价，基给行内的客户经理、基金经理、投资顾问与优质客户互惠互利的谈判定价权力。

图 7-12　案例简式图

3.反映优秀客户经理在客户关系维护方面的案例——"精细维护，无客不入"

客户经理小王所处的是广东佛山市，这里集商贸、旅游、农渔业中心，第三产业于一体，也是著名的侨乡，侨资在当地经济中具有举足轻重的地位。地方特色也带来了具有佛山特色的个人VIP客户群，因此，小王所负责维护的VIP客户中主要是前来投资的外地客商和华侨客商。小王在某年维护客户关系上有个记录，通过对近百名华侨VIP客户的回访，总结出这类客户群体的一些特点：一是个人资产丰厚，但投资选择谨慎，风险意识强；二是与本地居民多有亲缘关系，因而大多在本地购地、置房、建私宅；三是这些人多是艰苦创业实干家，不太讲究排场、门面，注重资产保值增值，关注利率汇率变化；四是华侨和当地人之间联系广泛，民间设立了"香港同乡会""台湾同乡会""新加坡同乡会"等；五是热衷于房地产开发旅游，庄园种植等，对本地投资市场的政策和信息需求量大；六是他们注重亲情和文化沟通，讲究合作缘分；七是在选择银行时，看银行品牌，服务态度，产品盈利程度等。针对此类客户的维护，小王结合本行和当地情况进行了优劣势分析，得出三个重要印象：一是分层服务，非常必要；二是延伸服务，能吸引客户；三是精准服务，优势明显。此地60%的华侨虽认可外汇专业银行，但该行对客户细分和差异化服务不如他行。最后，小王提出了精准维护客户关系管理的方案：第一，用产品进行维护。包括针对华侨VIP客户大多在本地购建房地产的特点，重点在该客户群中推广特色产品"个人建房贷款"；针对华侨VIP客户往返港澳内地频繁的特点，重点推出了"一卡通"产品；针对华侨VIP客户汇款频繁的特点，重点推出了品牌产品"速汇通"及代客外汇买卖业务；针对华侨VIP客户注重金融资产保值增值的需求，重点推出了外汇理财结构性存款"汇得盈"产品，及国债、保本型基金、通知存款、教育储蓄等安全性强、回报率相对较高的组合性产品；针对华侨VIP客户对内地政策不熟悉和信息需求大的特点，重点推出了代理收付款项、代理账目、代理会计事务、代理申报纳税、投资咨询等产品，赢得了客户的青睐。第二，强化服务维护。包括分层次提高华侨VIP客户忠诚度，将这些华侨客户分为三类：一类是行为忠诚客户；二类是意识忠诚客户；三类是情感忠诚客户，然后分门别类精细服务。同时，善用客户关系维护的各种技巧，包括建立客户档案，适应客户兴趣爱好，察言观色客户变化，走上门、请进来交流等针对性地采取手段，最终使客户选择留在了本行。不仅如此，小王还注重VIP客户政策的执行效果如何，建立了动态回访制度、侨联活动制度、举办沙龙讨论等机制，最终使这些客户的60%选择了本行。

　　通过这个案例，不难看出小王的成功之处在于：一是客户关系维护理念清晰，认识到位，能把行里的事业与客户的命运紧密相连；二是客户关系维护计划和思路清晰，客户想什么、做什么，能够做到心底有数，进而制订有针对性地、差异化的应对计划和措施；三是客户关系维护的各种技巧和方式方法清晰，而且运用及时、精准、恰到好处；四是客户关系维护决心大，信心足，能够迎难而上，知难而进，不离不弃，这是小王成功维护VIP客户的经典之道。案例简式图见图7-13。

（二）公司机构客户经理处置典型案例评析

1. 反映职业素养方面的案例——"不断追求和进取，才能赢得人生的出彩"

2000年夏季的一天，一个长发大眼、满脸稚气的女孩小李走出校门，来到了某市一家银行报到，那年她刚刚22岁，本科毕业。小李希望有一片能让她自由飞翔的天空，然而组织上分配她去的岗位是会计记账岗，呆板、枯燥几乎就是这个岗位的代名词。枯燥、平凡并不意味着轻松，上岗不久后的一件小事让小李感触颇深。由于对会计工作一窍不通，她填开一张银行转账支票，不是金额大写有问题，就是小写不规范，一连作废了好几张，急得满头大汗。连一张小小的支票都填不了，还奢谈什么理想抱负？从那一天起，小李暗下决心，一定要在这平凡的岗位上做出点不平凡的成绩来。小李在行领导和同事的关心和指导下，她很快熟悉了业务流程。这期间，她谢绝了一切休闲活动，基本上与电视绝缘。本来她在校打字就很快，每小时可达6 000~7 000字，但小李对自己提出了更高要求，利用空隙反复操练。同时，买来了一大堆银行业务知识读本，包括会计学、金融管理学、银行营销学等，而且每天坚持记学习笔记。不到一年的工夫，小李打字水平每小时可达8 000~9 000

反映优秀客户经理在客户关系维护方面的案例——"精细维护，无客不入"。

广东佛山VIP客户群体

1. 个人资产丰厚，信奉稳健投资选择谨慎，风险意识强；
2. 与本地居民多有亲缘关系，因而大多在本地购地、置房、建私宅；
3. 这些人多属草创业务于家，不太讲究排场、门面，注重资产保值增值，关注利率变化、汇率变化；
4. 华侨和当地人之间联系广泛，民间设立了"香港同乡会"、"合肥同乡会"、"新加坡同乡会"等；
5. 热衷于房地产开发旅游、庄园种植等，对本地投资市场的政策和信息需求量大；
6. 他们注重亲情和文化沟通，讲究合作共赢；
7. 在选择银行时，看银行品牌、服务态度、产品盈利程度等。

客户经理小王客户精准维护方案

用产品进行维护

➤ 针对华侨VIP客户大多在本地购建房地产的特点，重点在该客户群中维广"特色产品"个人建房贷款，重点推出了"一卡通"产品。

➤ 针对华侨VIP客户往返海内地频繁的特点，重点推出了"速汇通"、"速汇通"及代客外汇买卖业务。

➤ 针对华侨VIP客户汇款频繁的特点，重点推出了品牌产品。

强化服务维护

分层次提高华侨VIP客户忠诚度，将华侨客户分为三类：一类是银行为忠诚客户，二类是忠识忠诚客户；三类是潜感忠诚客户，然后分门别类提供精细服务。

图7-13 案例简式图

案例分析：

小王的成功之处在于：

1. 一是客户关系维护理念清晰，认识到位。
2. 二是客户关系维护计划和思路清晰。
3. 三是客户关系维护的各种技巧和方式方法清晰。
4. 四是客户关系维护决心大，信心足。

字，银行柜台的业务流程和职业操守背得滚瓜烂熟，在省行系统后来举办的电子杯会计储备技术比赛中赢得头名。机遇属于有准备的人，2003年，在银行工作还未满三年的情况下，她成功竞聘为某支行副行长兼公司客户经理，而且成功营销了当地石油、电力、交通三大战略性客户到本行开户，办理业务，使原来的三类行一跃成为一类行，本人被省行评为优秀公司机构客户经理和基层行负责人。

总结小李的成功经验，不外乎四个方面：一是勤学苦练，持之以恒，功夫不负有心人。小李的"勤"表现在脑勤、手勤、腿勤，即勤学、勤想、勤钻、勤跑、勤请教上。二是客户至上，服务第一，细微深处见真情。客户经理的营销工作，必须从大处着眼，小处着手，心系客户，永不懈怠，才能赢得市场和客户的满意和忠诚。三是不断开拓，创新理念，方可带来一股新鲜风气。这就要求客户经理不满足现状，努力拼搏，协同行内有关部门，做到理念更新和服务产品创新；四是自强不息，知难而进，攻坚克难，这是事业能够成功的根本。案例简式图见图7-14。

2. 反映联动营销方面的案例——"差异化营销和团队智慧，是客户经理营销成功的关键"

小胡在某总行干了十年的公司机构业务，做了五年客户经理，他的分层营销、精细营销和联动营销"三营销"做法值得借鉴。所谓分层营销是指根据企业资信状况、经营规模、发展前景、综合实力、竞争程度、跨地区经营等情况，结合本行

案例启示：

小李成功的经验主要是：

1、勤学苦练；

2、客户至上，服务第一、细微深处见真情；

3、不断开拓，创新理念，方可带来一股新鲜风气；

4、自强不息，知难而进。

反映职业素养方面的案例——"不断追求和进取，才能赢得人生的出彩"

应届生小李被分配到会计记账岗

2000年夏天，小李22岁本科毕业入职某市一家银行。小李希望有一片能让他自由飞翔的天空，然而组织上分配他去的岗位是会计记账岗，呆板、枯燥几乎就是这个岗位的代名词。

01

工作遇难，暗下决心做出成绩

由于对会计工作一窍不通，银行转账业务要常出错，急得他满头大汗。连一张小小的支票都填不了，还曾设计什么理想地呢？从那一天起，小李暗下决心，一定要在这平凡的岗位上做出点不平凡的成绩来。

02

勤奋用功，拔得头筹

小李谢绝了一切休闲活动，勤奋学习，不到一年的功夫，打字水平每小时可达8 000-9 000字，银行各台的业务流程和职业道守背得滚瓜烂熟，在省行系统后来举办的电子杯会计储备技术比赛中赢得头筹状态。

03

小李被评为优秀客户经理及基层行负责人

> 2003年，她成功竞聘转岗为某支行副行长兼公司客户经理；
> 成功营销战略性客户到本行开户，办理业务，使原来的三类行一跃成功一类行；
> 本人被省行评为优秀公司机、构客户经理和基层行负责人。

04

图7-14 案例简式图

客户发展战略和有关信贷政策，将客户划分为总行级、一级分行级、二级分行级和支行级四个层级，并根据其发展变化及时动态调整客户名单，包括增级降级、进出入名单等，由对应层级行单独开展营销服务。所谓精细营销就是将分层营销的具体内容落到实处。总行营销团队侧重制定全行营销战略，开发产品并提供相应技术支持、广告宣传策划、重大项目和集团大公司客户公关等；一级分行营销团队侧重实施全行营销战略、制定区域性的营销对策、组织推广新产品、开发具有区域性特色的新产品、开展重大项目和优质大公司客户公关活动等；二级分行营销团队侧重实施一级分行的营销战略，制定有效的实施举措，推广新产品、拓展重要公司客户和重点项目；支行级营销团队具体组织实施二级分行的营销战略和营销事项，进行中小型优良公司客户的公关，组织开展具体营销和服务工作。所谓联动营销，就是由多个部门或上下机构联动，组成任务型团队，通过整合资源，集中优势，为客户量身定制一些产品和服务，或者综合金融服务方案，或者供应链金融服务，最大限度地提高客户的满意度。

这个案例表明：一是大项目大客户要抓团队，团队抓，"团结就是力量"，既明确分工又密切配合，上下齐心，其金可断；二是大项目大客户要抓重点，重点抓，资源配置不能撒胡椒面；三是大项目大客户要抓精细、精细抓，讲究策略和方式，"细节决定成败"，措施服务必须落地。案例简式图如图7-15所示。

反映联动营销方面的案例——"差异化营销和团队智慧，是客户经理营销成功的关键"

小明的"三营销"法

分层营销

总行级
衡量制定全行营销战略，开发产品并提供相应技术支持，广告宣传策划、重大项目和集团大公司客户公关等

一级分行级
衡量实施全行营销战略，制定区域性的营销对策，组织维护大公司客户公关活动等

二级分行级
衡量实施一级分行的营销战略，推广新产品，拓展重要公司客户和优质大公司客户公关重点项目

支行级
具体组织实施二级分行的营销战略和营销事项，进行中小型优良公司客户的公关，组织开展具体营销和服务工作

精细营销

联动营销
由多个部门或上下机构联动组成任务型团队，通过整合资源、集中优势，为客户量身定制一些产品和服务，或者供应链金融服务方案，或者综合金融服务，最大限度提高商客户的满意度。

图 7-15 案例简式图

3. 反映客户经理破解谈判僵局方面的策略

在营销一些优质大户或集团客户时，难免在存、贷款定价等重大问题上，出现一些谈判异议。对此，公司机构客户经理既要冷静思考、把握重点、着眼未来、坚持原则，又要迅速厘清头绪、变幻思维、投石问路、破解僵局。可供参考的方法思路有如下几个方面（可参见图7-16）。

（1）问题引导法。谈判中，遇到重大问题有争议后，先接受异议或争议，然后快速将客户的争议转换为问题，向客户进行"反问"，主动控制客户的思路，让客户顺着客户经理的思路来分析和回答问题，这样，客户可能会排除自己的疑惑，提出的异议有可能不攻自破。

（2）实证举例法。在客户提出异议后，客户经理可不直接回答或反驳，而是通过讲故事、举例子来引导客户视野，争取客户的理解。因为中国人历来喜欢讲故事、听故事，而不喜欢逻辑。

（3）综合谋划法。当出现银企合作争议时，可根据问题的大小和利害冲突的程度，采取"一揽子"或综合金融服务方案的做法，统筹考虑，这样可以使银企双方各有所获，实现总体合作上的双赢。

（4）以退为攻法。业务合作谈判中，银企双方在一些大的问题上，一般都会坚持己见。为了使工作顺利进行，千万在语气上要注意，既不能太死板、说话伤人，又不能没原则、信口开河。可供参考的谈判谋略是，先听、先记、先梳理，然后汇总，逐条逐个作反馈。对于有争议的一般性问题，可考虑一些让步，但在另一个事项上，争取对方更多的支持，以解决"东方不亮西方亮"的问题。

（5）搁置听令法。银企合作中，出于各自利益的考虑，总有一些重大合作事项不能取得一致，特别是在跨国公司、银团贷款、综合定价及重大额度授信业务上，客户经理一般权限低，面对项目金额大、风险隐患多、市场变化难以把握的情况，可考虑提出初步建议，然后回去向有权负责人报告。

图 7-16 破解谈判僵局策略"五法"示意图

第八单元

商业银行风险管理

风险管理，与商业银行日常经营管理息息相关，它是商业银行核心竞争力的重要组成部分。学习、了解、掌握风险管理业务相关知识，是每一个入职人员的必备常识，也是专职从业人员和商业银行经营管理工作的重中之重。

一、风险管理的含义及重要意义

（一）风险管理的含义

商业银行的风险管理，是一个全面风险管理的概念，而不是一个简单的、狭义的、孤立的名词，它的英文词语叫 Enterprise Risk Management（ERM），意思是指对商业银行整个机构内各个层次的业务单位、各个种类风险的通盘管理。这种管理要求将信用风险、市场风险和其他风险，以及包括这些风险的各种金融资产与资产组合，承担这些风险的各个业务单位纳入统一的体系中，对各类风险依据统一的标准进行测量并加总，且依据全部业务的相关性对风险进行控制和管理。

商业银行风险，从理论上分析主要有三层含义（见图8-1）：一是资金损失的可能性；二是未来结果的不确定性或变化；三是未来结果比如投资收益率对期望的波动性或偏离。上述三种含义，从本质上看，差异并不大，均反映出风险是事物未来发展变化的本质属性。相比较而言，第一种含义更加抽象、概括，符合经济、政治、社会等几乎所有领域对于风险的理解。第二种含义，它将风险与损失联系在一起，在统计上就是一种损失的概率分布，属于传统意义上对风险的理解，符合目前金融机构特别是金融监管当局对风险管理的思考模式，印证了商业银行力图通过改善公司治理结构和提高内部控制质量来控制和降低风险损失、防止破产的管理逻辑。第三种含义，没有限定结果的偏离方向，认为任何方向的偏离都是风险的表现，这突出反映在金融投资普遍以收益率标准差作为风险计量指标的主流分析框架之中。按照该定义，不仅损失的可能性是风险，盈利的可能性同样是风险，就是说，风险是收益的概率分布。总之，风险的这三种含义，对我们寻求风险管理的措施非常必要。

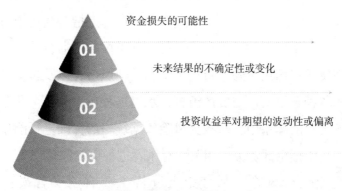

图 8-1　商业银行风险的三层含义

（二）风险管理的重要意义

强化风险管理，对商业银行来说极为重要，突出表现在以下几个方面。

1.强化风险管理，是商业银行的基本职能

商业银行经营的"三性"原则首先就是安全性，没有安全的经营，是一种危险、离谱的行为。比如，商业银行的贷款，就是以承担公司违约、破产或信用等级降低等信用风险的形式，来承担借款企业在生产和经营中遭遇严重损失的风险。对于借款企业而言，只要支付一定的费用或提供一定的回报率，就可以将风险转嫁给商业银行，而商业银行吸收和承担客户风险的能力，主要来自更加专业化的风险管理技能。商业银行会利用分散或对冲等方法对从客户承担过来的风险进行管理，这是商业银行本身职能所具备的。

2.强化风险管理，有利于商业银行实施经营战略

实践充分证明，商业银行是经济发展的杠杆，是个人客户和公司机构客户投资理财的管家，对此，每个银行都会制订中长期规划和年度综合经营计划，这些规划和计划都会将风险因素考虑其中，而且作为重中之重的内容，因为风险和收益是密不可分的。只有将风险管理研究充分，商业银行才能在战略实施中"难"中快进，稳操胜券。

3.强化风险管理，对商业银行的风险定价和核心竞争力提升极为重要

商业银行在经营管理过程中，能否对金融产品和服务进行科学、合理的定价，直接决定了商业银行的市场竞争能力和盈利能力。通过现代风险管理技术可以准确识别和计量所提供的金融产品和服务的风险成本和风险水平，为金融产品和服务制定具有竞争力的风险溢价。同时，风险管理技术还有助于商业银行进行动态管理、调整资产负债组合、发展并拓展新型业务。比如针对特定客户的具体需求，提供个性化的个人理财、利率汇率互换和综合金融服务、供应链金融服务等业务。

4.强化风险管理，是经济社会和商业银行颇为关注的重大问题

商业银行是一个高风险金融企业，经营的好坏，不仅关乎

本行广大客户的切身利益，而且也关乎着本行广大员工的荣辱与否；不仅影响着市场和国家经济的稳定，而且事关商业银行自身的前途与命运。特别是重大风险和系统性风险，一旦管控不力，后果不堪设想。因此，商业银行每位员工和合作联动的客户，都必须高度重视风险的管理。

二、风险管理的基本原则

根据《银行业金融机构全面风险管理指引》中的规定，商业银行风险管理应当遵循四条基本原则（见图8-2）。

1. 匹配性原则

全面风险管理体系应当与风险状况和系统重要性等相适应，并根据环境变化予以调整。

2. 全覆盖原则

即应当覆盖商业银行各业务条线，包括本外币、表内外、境内外业务；覆盖所有分支机构、附属机构、部门岗位和人员；覆盖所有风险种类和不同风险之间的相互影响；贯穿决策、执行和监督等全部管理环节。

3. 独立性原则

商业银行应当建立独立的全面风险管理组织架构，赋予风险管理条线足够的授权、人力资源及其他资源配置，建立科学合理的报告渠道，与业务条线之间形成相互制衡的运行机制。

4. 有效性原则

商业银行应当将全面风险管理的结果应用于经营管理，

根据风险状况、市场和宏观经济情况评估资本和流动性的充足性，有效抵御所承担的总体风险和各类风险。

匹配性原则
全面风险管理体系应当与风险状况和系统重要性等相适应，并根据环境变化予以调整。

全覆盖原则
➢ 覆盖商业银行各业务条线，包括本外币、表内外、境内外业务；
➢ 覆盖所有分支机构、附属机构、部门岗位和人员；
➢ 覆盖所有风险种类和不同风险之间的相互影响；
➢ 贯穿决策、执行和监督等全部管理环节。

独立性原则
商业银行应当建立独立的全面风险管理组织架构，赋予风险管理条线足够的授权、人力资源及其他资源配置，建立科学合理的报告渠道，与业务条线之间形成相互制衡的运行机制。

有效性原则
商业银行应当将全面风险管理的结果应用于经营管理，根据风险状况、市场和宏观经济情况评估资本和流动性的充足性，有效抵御所承担的总体风险和各类风险。

图 8-2　商业银行的风险管理原则

三、风险管理的组织架构和职责

商业银行的风险管理组织架构，一般遵循岗位设置与职责分工明确、具有可操作性，并且能够最大限度地降低内部交易成本的原则。在商业银行组织架构中，重点了解和掌握的内容主要有五个层面：一是董事会及最高风险管理委员会的主要职责；二是监事会在风险管理中的主要职责；三是高级管理层在风险管理中的主要职责；四是风险管理部门的主要职责；五是财务控制部门、内部审计部门、法律合规部门以及外部监督机构在风险管理中的作用。具体见图8-3。

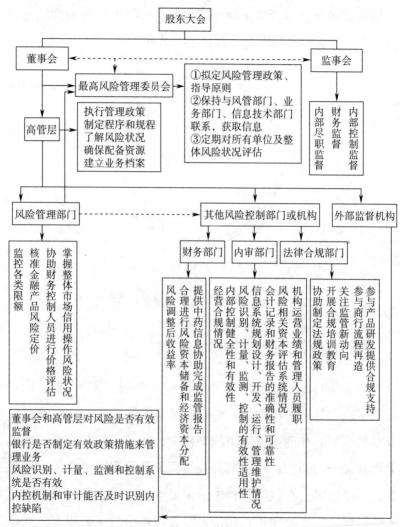

图 8-3　商业银行风险管理组织结构图

　　在学习、了解和掌握风险管理组织架构和职责的同时，还必须清晰商业银行风险管理的"三道防线"：第一道防线——

前台业务人员。主要职责是掌握最新的风险信息，报告有关风险情况，并切实遵循限额管理等风险管理政策。第二道防线——风险管理职能部门，主要职责是制定措施和政策，强化管理，并与财务、合规部门通力合作，规避和处理有关风险。第三道防线——内部审计，不仅要对前台如何盈利等业务问题深入了解，而且对政策和流程有正确认识，确保业务部门和风险管理部门切实履行董事会所批准的风险管理政策和程序。可参见图8-4所示。

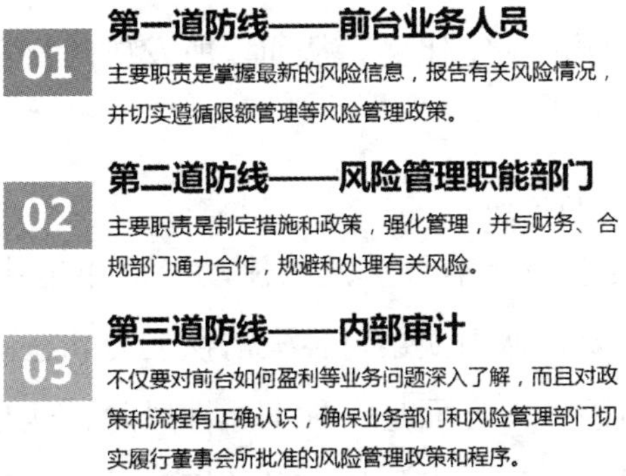

01 第一道防线——前台业务人员
主要职责是掌握最新的风险信息，报告有关风险情况，并切实遵循限额管理等风险管理政策。

02 第二道防线——风险管理职能部门
主要职责是制定措施和政策，强化管理，并与财务、合规部门通力合作，规避和处理有关风险。

03 第三道防线——内部审计
不仅要对前台如何盈利等业务问题深入了解，而且对政策和流程有正确认识，确保业务部门和风险管理部门切实履行董事会所批准的风险管理政策和程序。

图 8-4　商业银行风险管理"三道防线"简式图

四、风险管理类型和内容

（一）信用风险

该风险是商业银行的主要风险，指获得银行信用支持的债务人不能遵照合约按时足额偿还本金和利息的可能性。在商业银行业务多样化的今天，信用风险仍然是商业银行的一项主要风险，而且贴现、透支、信用证、同业拆放、证券包销等业务中涉及的信用风险也是商业银行面临的重要风险。信用风险主要有以下几类：一是本金风险。是指银行对某一客户的追索权不能得到落实的可能性。如呆账贷款，最终将表现为本金风险；二是潜在替代风险。即由于市场价格波动，交易对手自交易日至交收日期间违约而导致损失的风险；三是保证风险。如果债务人违约不能偿还债务，而担保方或承诺方又不能代债务人偿还债务，就出现了第三者担保风险；四是信贷集中风险。是指银行的贷款只发放给少数客户，或者给某一个客户的贷款超过其贷款总额的一定比例，从而使所发放的贷款遭受损失的可能性大大上升。

（二）流动性风险

该风险是指银行本身掌握的流动资产不能满足即时支付到期负债的需要，从而使银行丧失清偿能力和造成损失的可能性。流动性风险，一方面是一种本原性风险，就是由于流动性不足造成；另一方面，也是最常见的情况，是其他各类风险长期隐藏、积聚，最后以流动性风险的形式爆发出来。

（三）利率风险

该风险是指货币市场，资本市场利率的波动通过存款、贷款、拆借等业务影响到商业银行负债成本和资产收益等经济损失的可能性。

（四）汇率风险

该风险是指本币或外币汇率升值或贬值，使商业银行的资产在持有或者运用过程中蒙受损失的可能性。

（五）操作风险

该风险是指由于操作失误、业务规则及业务流程设计不合理、信息披露失误、服务缺失或保护客户利益不力、违规导致银行正常经营受到影响的可能性。如客户流失、客户纠纷、挤兑等。

（六）经营管理风险

该风险一方面是指商业银行在日常经营中，发生各种自然灾害、意外事故、程序或控制失控、工作人员失误及欺诈等，使银行面临风险；另一方面，是指股东、董事或者高管人员不称职、或者不诚实，使银行面临损失的可能性。

（七）国别风险

该风险是指国家信用风险，即借款国经济、政治、社会环境的潜在变化，使该国不能按照合约偿还债务本息，给贷款银行造成损失的可能性。

（八）市场和竞争风险

该风险一方面是指商业银行投资或者买卖动产、不动产时，由于市场价值的波动而蒙受损失的可能性。主要取决于商品市场、货币市场、资本市场、不动产市场、期货市场、期权市场等多种市场行情的变动。另一方面就是金融业同业竞争造成银行客户流失、质量下降、银行盈利减少，从而增大银行风险，威胁银行安全的可能性。

（九）法律风险

该风险是指因为对法律条文的歧义、变迁、误解、执行不力、规定不细致等原因，导致无法执行双边合约，造成银行面临损失的可能性。

五、风险管理的对策和方法

（一）风险管理的理念

作为商业银行职员，无论是从事具体的风险管理部门，还是协同部门和其他部门；无论是各级管理人员，还是一般员工，大家都应该牢固树立风险管理的理念。特别是主管负责人和从业人员，要从以下几个角度厘清思维：一是风险管理是商业银行生存发展的前提，也是持续发展的核心竞争力，不注意风险管理，将后患无穷。当前，特别要克服粗放、冒进、盲目追求市场份额的观念，使之转到精细化、审慎型、注意风险收益管理的思路上来。二是要明确风险管理的目标，是通过主动的风险管理过程实现风险与收益的平衡。要致力于提高自身风险管理能力，在明确的风险偏好前提下，保持风险与收益的平衡。三是风险管理战略应纳入商业银行的整体战略之中，并服务于业务发展战略。四是应充分了解所有风险，建立和完善风险控制机制，对不了解或无法把握控制风险的业务，应采取审慎态度。

风险管理理念简图如图8-5所示。

02 明确风险管理的目标

要通过主动的风险管理过程实现风险与收益的平衡。要致力于提高自身风险管理能力，在明确的风险偏好前提下，保持风险与收益的平衡。

04 完善风险控制机制

应充分了解所有风险，建立和完善风险控制机制，对不了解或无法把握控制风险的业务，应采取审慎态度。

01 风险管理是发展前提和核心竞争力

> 风险管理是商业银行生存发展的前提，也是持续发展的核心竞争力。

> 要彻底解放观念，冒进、盲目追求市场份额的观念，使之转到精细化、审慎型、注意风险收益管理的思路上来。

03 纳入整体战略

风险管理战略应纳入商业银行的整体战略之中，并服务于业务发展战略。

图8-5　风险管理理念

（二）风险管理的内容

尽管我们前面介绍了风险的概念和风险管理的含义，但风险管理的全部内容，还要在实践中逐步品味。风险管理的全部内容似应包括以下几项：一是全球的风险管理体系，特别是在加入世界贸易组织后，中国的银行和企业"走出去""引进来"，金融是国际化的，市场是一体化的；二是全面的风险管理范围，应当对所有层次的业务单位、全部种类的风险进行通盘考虑；三是全段的风险管理过程，也就是说风险管理贯穿于业务发展的每一个环节；四是全新的风险管理方法，即通过定量分析，通过内部模型识别，计量和检测风险，使得风险管理越来越具有客观性和科学性；五是全员的风险管理文化，因为风险管理体现为每一个员工的习惯行为，都应具有风险管理的自觉性。

风险管理的内容如图8-6所示。

图8-6　风险管理的内容

（三）风险管理的流程

多年的实践，使商业银行风险管理流程已形成共识：第一，进行风险识别。包括感知风险和分析风险两个环节，最基本、最常用的方法是制作风险清单，一看便知风险是什么。第二，进行风险计量。即对不同类别的风险选择适当的计量方法，基于合理的假设前提和参数，计量承担所有风险。第三，逐个风险监测，监测各种可量化的关键风险指标，以及不可量化的风险因素的变化和发展趋势，报告商业银行所有风险的定性定量评估结果。第四，强化风险控制。主要采取分散、对冲、转移、规避和补偿等措施，进行有效管理和控制的过程（下面还要进行具体阐述，此处不再赘述）。

风险管理的流程如图8-7所示。

图 8-7　风险管理的流程

（四）风险管理的对策和方法

风险管理有许多措施，但不能笼统套用，而要结合实际，个性化、针对性地使用。主要的对策大致有以下几项：一是风险分散。就是说"不能把所有的鸡蛋放在一个篮子里"，避免"全军覆没"，发生重大风险或系统性风险。二是风险对冲。即通过投资或购买与标的的资产收益波动负相关的某种资产或衍生产品，采取自我对冲和市场对冲两种形式来冲销标的资产潜在的风险损失。三是风险转移。即通过购买某种金融产品或采取其他合法的经济措施，运用保险转移和非保险转移的手段，将风险转移给其他经济主体。四是风险规避。就是拒绝或退出某一业务或市场，以避免承担该业务或市场具有的风险。五是风险补偿。就是事前对风险承担的价格补偿，主要采取在交易价格上附加风险溢价。

在实际工作中，各个商业银行都积累了许多风险管理的具体方法，这些方法大致有：（1）风险价值法，即一种市场风险测量的新方法；（2）信贷矩阵系统，就是以信用评级为基础，计算某项贷款违约率，然后计算贷款同时转变为坏账（损失）的概率；（3）风险调整的资本收益法（RAROC），RAROC是收益与潜在亏损值之比；（4）全面风险管理法，即将信用风险、市场风险和各种风险及包含这部分风险的各种金融资产，承担这些风险的各个业务单位统一纳入风险管理体系中，对各类风险依据统一的标准进行测量并加总，对风险进行控制和管理；（5）风险组合调整法，即银行吸取证券投资组

合经验而建立的一系列方法，包括贷款证券化、并购、信用衍
生品处置等。

六、风险管理需要重点关注的问题

（一）贷款集中度风险

这种风险是指任何可能造成巨大损失，即相对于银行资
本、总资产或总体风险水平来说的风险，以至于威胁银行健康
或维持核心业务能力的单个风险或风险组合。风险集中可以产
生于银行资产、负债或表外项目（无论是产品还是服务），既
可以出现在交易过程中，也可以由不同类别风险暴露的组合产
生（见图8-8）。

贷款集中度风险主要情形包括：（1）针对一家银行，授
信全部集中在一个行业，这个行业一旦出现问题，这家银行也
会出现问题；（2）针对一家企业，如果授信全部集中在一家
银行，如果这家银行信贷政策发生变化，那么会严重压缩企业
的授信；（3）同样针对一家企业，如果授信全部集中在很近
似的时间段偿还，那么偿还资金压力会很大，狭义上也是集中
度风险的体现。

针对上述三种情况，应对措施也应具有针对性，似应分
别给予行业授信分散、银行授信分散、偿债时间分散，这样一
来，就可以避免集中度风险出现。

图 8-8　贷款集中度风险情形图

（二）系统性风险

所谓商业银行系统性风险，是指可能导致金融体系部分或全部受到损害进而致使大范围金融服务紊乱并给实体经济造成严重影响的风险，一般可以用金融体系中许多机构同时违约的可能性或系统性重要机构倒闭的概率来衡量。系统性风险包括政策风险、经济周期性波动风险、利率风险、购买力风险、汇率风险等。

商业银行系统性风险的突出特征是：（1）具有可传染性。银行都是高负债企业，一家银行遭受危机，就会传染到其他银行，最终演变成系统性危机。（2）具有可破坏性。轻者会带来资金和财产的重大损失，重者会危及银行的生存和发展。（3）具有普遍性。不仅影响本银行相关业务，也会影响本银行核心系统；不仅影响境内业务，也会影响境外业务。

造成系统性风险的主要原因很多，但至少有以下几项：（1）银行与存款人之间的信息不对称，会引发存款人的"羊群效应"并容易形成挤兑，使社会不稳定；（2）银行体系的脆弱性和顺周期性，即持续高负债经营和顺周期性特点，使银行体系具有内在的脆弱性，容易产生系统性风险；（3）内外勾结，重大诈骗，使银行蒙受重大损失，并连带银行、企业和客户等。

如何应对系统性风险？总的思路是通过破除金融嵌套，剪断金融链条而最终达到降低社会融资成本的目的来防范。从常规措施来讲，在认真分析原因的基础上，逐个采取对策，特别在基础性风险管理方面，优化信贷结构、加强宏观经济环境对业务发展压力测试，做好风险预警等十分重要。

系统性风险特征、原因和应对如图8-9所示。

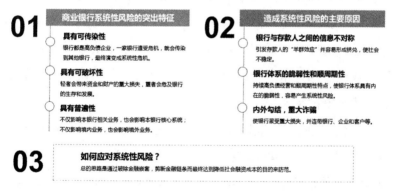

图8-9 系统性风险特征、原因和应对

（三）信贷审批决策过程中的问题和对策

信贷审批的科学与否，信贷决策的正确与否，事关商业银行项目选择的好坏，更事关业务发展给我们带来的收益与风险的大小。

从目前信贷审批决策存在的问题来看，主要有四个方面：

一是信贷文化仍有缺失，主要表现在审慎经营意识薄弱，片面追求业务发展规模与速度，对合规管理和风险控制不够，致使一些风险事件屡有发生；同时，贷款审查、审批机制执行力有待加强，存在向不符合准入条件的企业发放贷款的情况；不仅如此，贷前调查粗放，贷后监控流于形式，基础管理薄弱。二是审批体系不够完善，贷前调查真实性、全面性不够，贷中审批受外界干扰多，独立性原则体现不够，贷后管理与业务营销混为一体，重贷轻管；这三大环节制衡不配套、不严谨、不落实，影响审批和决策的精准性。三是审批决策能力有待提高。一方面对新产品把握能力有欠缺，另一方面对先进工具接受能力不足，定性分析远多于定量分析，致使审批决策缺失可比性和一致性。四是审批责任承担主体不准确。集体决策和领导决策仍然对审批影响很大。

如何加强信贷审批和决策？一是要大力倡导合规经营，培育健康的信贷审批文化；二是加强学习研究，尽快提高信贷审批决策能力；三是结合本行经营特点，开发适销对路的审批决策工具；四是借鉴国际国内先进经验，移植改造审批决策信息共享系统；五是建立信贷审批决策人员的岗位轮换机制，同时允许信贷审批人员与客户见面，了解商讨存在问题。

加强信贷审批和决策参见图8-10。

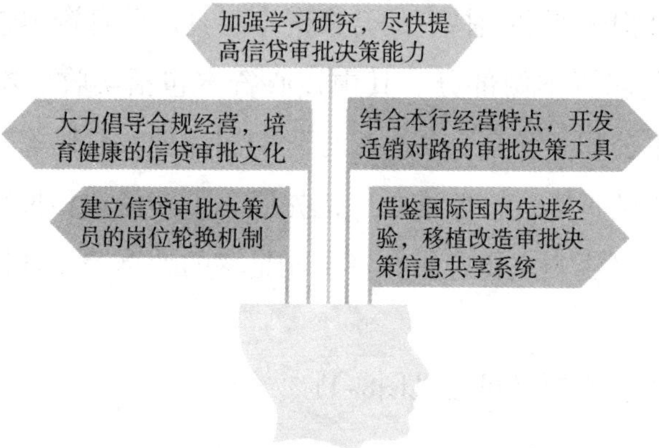

图8-10　加强信贷审批和决策

（四）经济资本与会计资本、监管资本的关系

1. 经济资本

经济资本是一个统计学的概念，描述在一定的置信度水平上，一定时间内，为了弥补银行的非预期损失所需要的资本，它是根据银行资产的风险程度的大小计算出来的，因此，经济资本又被称为风险资本。从银行所有者和管理者的角度看，经济资本就是用来承担非预期损失和保证正常经营所需的资本。

2. 会计资本

会计资本是指所有者权益，包括实收资本或普通股、优先股和附属银行债。会计资本主要应用在会计记账和财务管理的工作方面。

3. 监管资本

监管资本是指商业银行根据监管当局要求，为确保银行机构弥补损失所必须持有的合格资本工具。监管资本包括核心资本和附属资本两部分。其中核心资本包括实收资本或普通股、资本公积、盈余公积、未分配利润和少数股权等。附属资本包括重估资本、一般准备、优先股、可转债券和长期次级债券等。监管资本主要应用在资本充足率的计算等监管指标计算方面。

三大资本要义可参见图8-11。

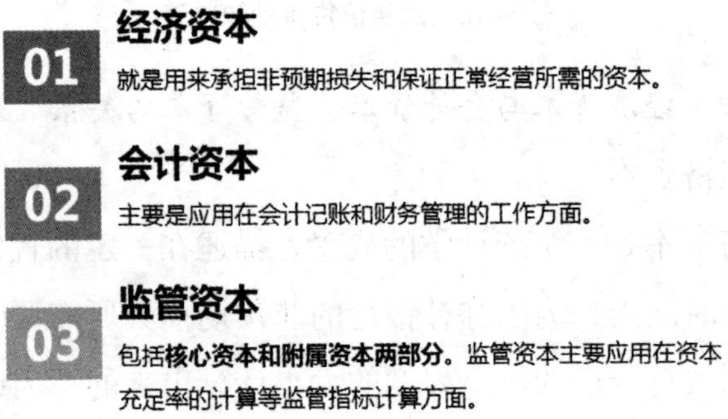

经济资本
01　就是用来承担非预期损失和保证正常经营所需的资本。

会计资本
02　主要是应用在会计记账和财务管理的工作方面。

监管资本
03　包括**核心资本和附属资本两部分**。监管资本主要应用在资本充足率的计算等监管指标计算方面。

图 8-11　三大资本要义图示

经济资本是商业银行内部用以缓冲风险损失的权益资本；会计资本反映的是商业银行实际拥有的资本水平；监管资本是监管当局要求的资本水平。经济资本与监管资本都用于风险缓冲，但经济资本是由商业银行管理者从内部来认定和安排缓冲，反映股东价值最大化对商业银行管理的要求；监管资本是由监管当局从外部来认定这种缓冲，反映了监管当局对股东的资本要求（见图8-12）。

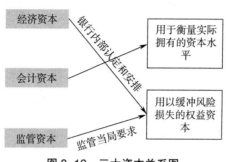

图 8-12　三大资本关系图

第九单元

商业银行企业文化

一个国家，一个民族，一个企业，一个家庭，都有自己的文化，特别是国际国内一些名牌企业、百年老店，都有自己的特色文化和传承。作为商业银行，也不例外。

一、商业银行为什么要塑造企业文化

什么是文化？据考证，起源于古拉丁文cultra，本义是耕作、培养、教习、开化。在《现代汉语词典》中有三层含义：一是指物质财富和精神财富的总和；二是考古用语，指遗迹、遗物的综合体；三是文字运用能力和一般知识。需要我们研究的主要是第一层意思。在中国，最早把"文"和"化"两个字联系起来的是《易经》。《易经》中有"观乎人文，以化成天下"之句，意思是说，观察人类文明的发展，就能用人文精神来教化天下。可见，我们的老祖宗从开始就注重用人文精神来进行教化了。

文化的渗透力很强。中华民族5000年文明，从古至今有三种文化一直教化着我们：一是"黄老"文化，也就是黄帝和老子的文化，其核心是无为而治；二是孔孟文化，影响着中华民众的思想较长，其核心是仁者爱人；三是法家文化，有革故鼎新的意思，其核心思想是恩威并施，先威后恩。几千年来，三种文化尤其是前两种文化对我们影响很大。从国际上看，有"五个犹太人"的思想影响着整个西方世界：第一个是摩西，他说一切都是律法；第二个是耶稣，他说一切都是苦难；第三个是马克思，他说一切都是资本；第四个是弗洛伊德，他说一切都是性（精神分析学说，改变了人们对自己的看法）；第五个是爱因斯坦，他说一切都是相对的。这五个犹太人的五大思想，不仅影响着整个西方世界，也影响着东方文明，比如马克思和爱因斯坦的学说就是如此。可参见图9-1。

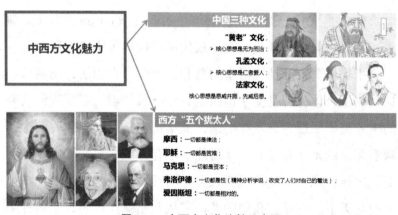

图9-1 中西方文化比较示意图

从企业文化来看，定位不同，特色不同，发展和结局就不同。世界500强企业中的通用电气，信奉"坚持诚信、注重业绩、渴望变革"观念；国际著名企业惠普之道是："我们信任并尊重每一个人"；国内知名企业海尔的文化核心是："让客户感动"；蜚声海内外的民营企业华为奉行的是："以奋斗者为本"的"狼性文化"。正是这些具有特色的企业文化，成就了企业的成长和命运。

作为商业银行，也必须有自己的企业文化。为什么？第一，企业文化具有较强的凝聚力和吸引力，它是调动全行员工干事创业的精神法宝。有了企业文化，就可以把员工紧密地团结在一起，形成强大的向心力，使员工万众一心，步调一致，为实现目标而努力奋斗。同时，优秀的企业文化，有利于合作伙伴和客户、供应商、消费者，以及广大民众对银行的关注和大力支持。第二，企业文化具有一定的导向作用和激励作用，能够把企业与个人的意愿和愿景统一起来，促进企业发展壮大。企业文化就像一个无形的指挥棒，让员工自觉地按照企业要求去做事，因为它的核心价值观和企业精神，可以发挥无形的导向作用。同时，优秀的企业文化，形成的是一种牢不可破的工作和生活氛围，它的价值导向是一种精神激励，能够把员工的潜在智慧诱发出来，增强企业的整体执行力。第三，企业文化具有规范、约束的巨大潜能，促使员工能够遵守职业操守，合规经营。企业文化本身就具有规范作用，包括道德规范和行为规范。优秀的企业文化，能让员工明白自己行为中哪些该做、哪些不该做、哪些不能做，起到"软"约束的效果，从而增强员工的责任感和使命感。第四，企业文化具有持续的竞争力和推动力，能为建设国际一流银行而发挥巨大作用。优秀的企业文化有利于银行的转型和创新，有利于提升核心竞争力，可以带动银行持续、健康、稳定发展，为打造"百年老店"和国际大牌奠定基石。

二、商业银行企业文化建设的主要内容

企业文化的表现是具体的，可以看得见、摸得着，不能虚无缥缈。商业银行企业文化，是银行在实践中和未来发展蓝图里需要全体员工认可并遵守的带有本银行特色的战略愿景、未来使命、价值观念、经营准则、企业精神、道德规范、发展目标等（见图9-2）。

图 9-2　商业银行企业文化主要内容

（一）有愿景

蓝图决定前途，思路决定出路，有愿景才能让人振奋。对商业银行而言，愿景就是办成什么样的银行、带出一支什么样的队伍、展示一种什么样的战略蓝图。它反映了商业银行的发展目标，体现了商业银行的责任感和使命感。确立符合商业银行实际的目标追求，可以为商业银行发展提供强大动力。在现实中，有的银行在起步阶段虽然规模不大，但却能一步步地发展壮大，最终成为行业的标杆或巨头，是与银行追求符合自身实际的目标和愿景密不可分的。

（二）有使命

使命是商业银行一种具体服务对象，也是一种相关联的社会责任。既包括广大客户即个人投资者和机构投资者，也包括相关联的各个股东；既包括行内员工的职业发展和薪酬待遇，也包括国家和社会应负的责任，也就是说，不能光为自己的银行着想。

（三）有价值观

价值观是指商业银行做一切决策和行动的基本准则，是全体员工的共同理想和规范，是长期不可改变的价值取向。比如，建设银行的核心价值观，虽然只有八个字，即"诚实、公正、稳健、创造"，但它却向全体员工和社会展示的是一种"诚信为本、童叟无欺""稳中求进，创造卓越"的价值理念。再比如，建信基金管理公司最近重塑了企业文化核心价值观，提出了"创新、诚信、专业、稳健、共赢"的十字方针，展示的是一种发展之道、立业之基、制胜之本、行事之法、成事之果。毋庸置疑，对银行和公司的发展影响极大。

（四）有发展理念

发展理念包括：一是经营理念（如以市场为导向，以客户为中心）；二是服务理念（如客户至上，注重细节）；三是风险理念（如了解客户、理解市场、全员参与、抓住关键）；四是人才理念（如注重综合素质，突出业绩实效）；五是廉洁理念（如清正廉洁，风清气正）。这样，才能使员工有所遵从，推动业务发展。

（五）有企业精神

企业精神就是将人文精神和核心价值观相结合，这是商业银行全体员工所共同具有的内心态度、思想境界和理想追求。比如建设银行企业精神是"善建者行"、作风是"勤奋严谨，求真务实"，对内对外都给人一种默默奋斗、庄严激励；工商银行企业精神是"工于至诚，行以致远"，也给人一种诚实守信，宁静致远的感觉；建信基金管理公司的"梧桐精神"，给人一种同心、同行、同创、同享、同赢的崇高精神追求，也是

"与我同行，合作共赢"的行动誓言。

（六）有标识

银行标识是企业文化的外在集中体现，是这家银行区别于那家银行的一种形象符号。有标识才能让人认清面目，人们往往是通过标识来直观认识一个银行或企业的外在形象。因此，企业文化一定要有自己的标识，好的标识，能为银行企业文化锦上添花。这方面大家到不同银行、不同企业、不同单位去，都有深刻体会或感受。

（七）有活动

有活动是企业文化的有效载体，一个企业，一个银行，只有经常组织丰富多彩的各种活动，如群众性的文体活动、读书活动、竞赛活动、兴趣活动等，才能最大限度地调动全体员工的参与热情，才能在给员工带来快乐的同时，增强银行的凝聚力、向心力和战斗力。总言之，有活动才能让人快乐。

（八）有行为准则

这个准则，包括企业的行为准则和员工的行为准则。企业行为准则，应当是在经营、管理、创新、发展方面的规定和机制；员工的行为准则，包括上至管理人员，下到经办人员，以及前后台人员等，都有职业操守和行为守则，这是礼貌待客、严谨工作、规范言行、安全操作的基本要求，是银行稳健经营的基础。

（九）有宣传口号

每个银行的企业文化，对内对外都有一些激动人心的宣传广告和标语口号，每个银行的价值观不同，提出的口号也不同。比如建行对外营销口号是"中国建设银行，建设现代生活""善建者行""不断创新，追求卓越"；工行是"工于至诚，行以致远""你身边的银行"；农行是"大行德广伴您成长""缘结农行，地久天长"；中行是"选择中国银行，实现心中理想"等。这些口号，不同程度在广大百姓心目中已经深深打上了烙印。

（十）有服务品牌

银行品牌，主要是指服务的内容和品质。有品牌才能让人满意，品牌中最重要的是服务品牌，它实际上是企业文化的结晶，包括服务理念、服务内容、服务方式、服务渠道、服务效果等。在实践中，各家银行都细化了自己的服务内涵，将服务细分为基本服务、增值服务、成长服务、前瞻服务、感情服务、应急服务等。正是有了这些精细的服务，才形成了银行的服务品牌。通过精细服务，不仅可以增加对本银行产品的认知度和吸引力，而且也提升了银行的整体形象。

三、四大商业银行企业文化比较

随着商业银行上市，各行普遍建立了自身的企业文化，尤其是工、农、中、建四大商业银行，都结合自身实际和未来发展需要，动员全行上下和社会力量，重塑了自身文化体系，强化了企业文化建设，如表9-1所示。

表 9—1　四大商业银行企业文化对比

企业文化元素	工商银行	建设银行	农业银行	中国银行
使命	提供卓越金融服务	为客户提供更好服务、为股东创造更大价值、为员工搭建广阔的发展平台、为社会承担全面的企业公民责任	面向"三农"，服务城乡回报股东成就员工	以商业银行为核心，多元化、海内外一体化发展
愿景	最盈利、最优秀、最受尊重的国际一流现代金融企业	始终走在中国经济现代化的最前列，成为世界一流银行	建设城乡一体化的全能型国际金融企业	追求卓越，持续增长，建设国际一流的大型跨国经营银行集团
核心价值观	工于至诚，行以致远	诚实、公正、稳健、创造	诚信立业，稳健行远	追求卓越，诚信、绩效、责任、创新、和谐
理念	发展、效益、风险、服务、品牌、团队、学习、人才	经营理念：以市场为导向，以客户为中心服务理念：客户至上，注意细节风险理念：了解客户、理解市场、全员参与、抓住关键人才理念：注重综合素质，突出业绩实效	经营理念：以市场为导向，以客户为中心，以效益定成败，合规创造价值，细节决定成败，合规创造价值、责任成就事业服务理念：客户至上，始终如一风险理念：违规如一风险理念：违规就是风险，安全就是效益人才理念：德才兼备，以德为本，尚贤用能，绩效为先廉洁理念：清正廉洁，风清气正	国际化、多元化、智能化
企业行为准则	经营、管理、创新、发展			以客户为中心，以市场为导向，以科技为引领
员工行为准则或座右铭	道德、尽职、服务、执行、协作、学习	时时敬业、处处真诚事事严谨、人人争先员工警告：我的微小疏忽可能给客户带来很大麻烦		爱岗敬业，勤勉俭朴，客户至上，诚实守信，依法合规

直观工、农、中、建四大商业银行的企业文化，总体上讲，共同点居多，特别在使命、愿景、核心价值观的表述上，各行提出的目标口号都很响亮，也很趋同。四大行的企业文化，主要有以下几个共同点。

（一）体现了科学谋划和发展的思想

贯彻科学发展理念，是商业银行共同长期的任务。科学发展观的第一要义是发展，核心是以人为本，基本要求是全面协调可持续，根本方法是统筹兼顾。四大商业银行的企业文化，充分体现了科学谋划和发展的思想，将员工的共同理想、基本价值观、企业精神、行为规范等，作为发展的核心要义。要求不仅追求自身经营效益，还要追求社会效益；不仅追求业务发展的数量和速度，还要追求业务发展的质量和效率；不仅要关心股东、员工的利益，还要担负整个社会责任，站位很高。

（二）体现了以诚取信的行业属性

商业银行是信用中介，讲信用是银行的命脉，诚实守信是银行企业文化的本色。各家商业银行虽然业务经营的具体产品有所不同，但诚信是大家共同信奉的宗旨和恪守的原则，过去是这样，现在还是这样；国内是这样，国外也是这样，行业就是这样的风气。

（三）体现了稳健经营的精神

商业银行是高风险行业，风险无时不有、无处不在、无孔不入。风险防范，是商业银行稳健发展的重要支撑，也是全社会的共同偏好，所以在各家商业银行的企业文化体系和要素中，均提出了稳健经营的管理文化，这也是中国金融业"严格，规范，谨慎，诚信，创新"十字行风的具体体现。

（四）体现了规范服务这一重要内容

服务是商业银行的永恒，商业银行的企业文化，就是一种特色性质的服务文化。四大商业银行不同程度对员工行为和企业行为都进行了制度化、机制化的要求和规定，包括迎来送往、语言表达、职业操守、岗位设置、宣传营销、工作作风等，都提出了明确要求，使全体员工能够严以履职，有所遵循，这是企业文化比较实一点的内容。

（五）体现了不断创新的原则

创新是企业发展的源头活水，也是商业银行生存发展的强大动力。四大商业银行在企业文化要素中，不约而同都要求大力创新，推动商业银行向国际一流银行迈进，这充分说明，商业银行不创新是没有出路的，不创新就不能提升核心竞争力，不创新就不可能打造出特色和品牌！

反观四大行企业文化，不同程度也存在一些差异。主要表现在：一是在"使命"的提法上，工行仅强调了为客户提供服务，而建行、农行、中行不仅包括客户，还包括股东和员工；二是在"理念"的表述上，工行、中行提得较为原则，而建行、农行表述较为细致；三是在"员工行为准则"的表述上，建行、中行、工行相对细致，而农行则没有具体表述。同时，在打造特色文化上，仔细观察和分析，四大行还是有一定区别的，可参见图9-3。

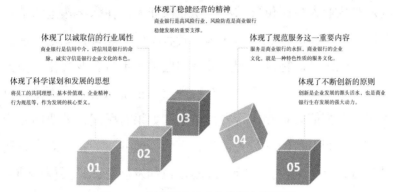

图9-3　四大行企业文化共同点简式图

四、商业银行员工如何遵守和维护企业文化

企业文化是银行的灵魂，每位员工不论职务高低，都要自觉学习和维护，为打造商业银行的一流品牌和实现战略愿景增砖添瓦。

（一）认真学习，深刻领会

企业文化是一项精神系统和行为系统的"完美艺术"工程，凝聚着灵魂工程师的精湛技艺，但更渗透着全体员工的心血和汗水。作为全行员工，特别是新入职员工，要认真学习，深刻领会，入脑入心。一是自觉认真学。即领导和组织安排的要学，领导和组织没安排的也要学；与本职工作密切相关的要学，与本职工作没多大关系的也要学；经常运用的要学，不经常运用的也要学。二是全面理解学。学习商业银行企业文化，不能泛泛笼统学，也不能死记硬背学，要统筹学习，逐一理解，多问几个为什么，把精神吃透。三是结合本职学。实际上就是对从业人员岗位要求和《职业操守》，在深学熟记的基础上，多与自己的本职工作挂钩，看看怎样才能符合规定要求，怎样才能做到高标准。四是带着问题学。银行企业文化，博大精深，集中了集体的智慧。有些观点、规定和要求，不是每位入职员工都能解释和执行得很透彻，如果有疑问，就要向专职部门、专职岗位的人员去请教，直到弄懂弄通为止。总之，通过学习，要深刻领会本行的战略定位和发展意图，要深刻领会本行的企业精神和核心价值观，要深刻领会职业操守的含义，把自己的认识同本行的企业文化统一起来，同实际操作结合起来，同未来职业生涯发展结合起来。

（二）做好本职，自觉维护

需要指出：诚信，是商业银行企业文化的灵魂；合规，是商业银行企业文化的本质要求；尽职，是商业银行企业文化的核心理念。不管从事什么行业，什么岗位，什么级别的员工，都需要尽职尽责。尽职尽责，是做好一切工作的基础，也是维护企业文化的最好例证，只有恪尽职守，才能体现诚信，才能做到合规，才能做企业文化最好的执行者和维护者。同时，尽职尽责，也是一种充分发挥员工主观能动性的工作状态，是有效提高工作质量和效率的法宝。那么如何才能尽职尽责呢？一是尽职尽责要"有心"。所谓"有心"，就是心里时刻装着诚实，守着信约，放着工作，惦记着是否圆满完成。二是尽职尽责要"用心"。所谓"用心"，就是如何做好本职？如何才能使本职做得优秀？如何回报单位交给自己的这份工作？三是尽职尽责要"尽心"。所谓"尽心",就是是否全心全意把全部精力都用在了事业上,符合企业文化对本职的要求。生命在于积累,有投入才有回报,对于已经入职的员工特别是新入职的员工来说,在职业的起跑线上,用一种积极的职业价值观武装头脑,显得无比重要。所以,做好本职,是对维护企业文化的最响亮的回答。

（三）同舟共济,团结拼搏

一个银行的企业文化,能否得到维护和弘扬,不在于哪个人,哪几个人遵守和执行得怎样,而在于这个集体和整体的维护和执行,在于全体员工的凝聚力、向心力和战斗力。如何才能使大家的共同意志和企业文化变为现实? 可供参考的思路:一是本职岗位要出色去做,也就是说不仅要完成,而且要高质、高效去完成,让领导满意,组织放心,同事称好。二是协作工作要密切配合去做。也就是说既要明确分工,又要紧密协同,不能讲分内分外,更不能讲吃亏便宜。大家要相互配合,齐心协力,圆满完成。尤其是在营销集团性大客户时,上下行之间,条块部门之间,不能彼此对工作职责太讲究、太自私,也让外单位人看笑话。因为我们是一家银行,体现的是齐抓共管,共克难关的团队力量,这样才能克敌制胜。三是复杂工作要精细去做,比如一些复杂的创新业务,供应链金融服务和综合金融服务工作,一定要集思广益,发挥大家的集体智慧,精心构思,详细谋划,不厌其烦,跟近市场和客户,齐心协力,拿出令客户满意的详细的可供操作的方案,这也是银行企业文化巨大生命力的完美体现!

后　记

　　本书是我从事商业银行工作35年的积累和总结。虽然思考写书已有年余，但实际动笔编著的时间仅有四个多月。该书中部分篇章是我曾为一些大专院校师生、行业员工及企事业单位负责同志做过的讲座内容。该书共分九个单元，几乎涵盖了商业银行及其子公司目前所涉及的全部重点业务内容。编著此书参考了一些文献资料，包括本人编著的《说行道长》一书、本人主编的《个人客户经理培训教材》等，部分资料及数字来源于互联网。在编著过程中，黄文韬、侯英杰、谢立东、马文心几位同志在百忙中帮忙打字、校对、制图和插图等，给予了大力支持。在此本人一并表示衷心的感谢！

　　书中如有疏漏和不妥之处，敬请广大读者批评指正！

2018年12月